성공하는 병원의 7가지 비밀

불황에도 더 잘되는
병원경영의 모든 것

성공하는 병원의
7가지 비밀

이승열 지음

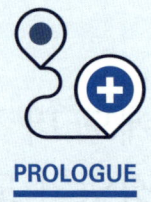

PROLOGUE

성공하는 병원의
7가지 비밀 프롤로그

경영을 이해해야 병원이 제대로 성장한다

2017년 초판 출간이후 많은 변화가 있었다. 회사의 매출은 5배이상 성장하였고 방송출연을 포함한 많은 강연과 기고, 상담을 진행했으며 코로나로 어려워진 시기임에도 시간이 부족하다고 느낄 만큼 바쁜 삶을 살고 있다. 병원에서의 경영이 급하지는 않지만 중요한 일이라는 사실을 재차 확인하는 시간이기도 했으며 책의 내용이 경영에 도움이 되었다는 피드백을 받기도 했다.

이제는 작은 병원도 경영이 필요한 시대다. 이 책은 작은 병원의 원장과 관리자에게 실제 도움이 될 만한 사례를 많이 넣으려 노력했다. 그에 따라 성공사례는 벤치마킹하고, 실패사례는 반복하지 않는다면 '우리가 돕는 병원을 통해 대한민국의 건강나이를 늘린다'라는 내가 경영하는 [리스펙트 병원컨설팅]의 사명과도 부합되리라 믿는다.

작은 병원의 원장도 성공하고 싶다는 비전이 있다면 경영을 도울 직원을 반드시 세워야 한다. 의료업에서는 오너인 의사의 행위로 거의 모든 가치가 창출되기 때문이다. 다시 말해 원장은 병원이 잘될수록 급하고 중요한 업무인 진료에 많은 시간을 할애해야 한다. 원장은 경영의 전반을 이해하고 결정할 수 있는 능력을 갖추고, 관리자는 원장의 철학을 이해하고 병원의 경영을 지원해야 병원이 제대로 성장한다.

과거에는 개원 이후에도 이런 기본적인 원리를 좌충우돌하며 배울 수 있는 시간적인 여유가 있었다. 하지만 이제는 그런 시절이 다시 돌아오지 않는다. 어디부터, 무엇이 잘못되었는지도 모른채 병원을 폐업하는 의사들을 볼 때마다 안타까울 따름이다. 부디 이 책이 병원을 잘 경영하고 싶은 원장, 그리고 병원과 원장을 도와 성공병원을 만들고 싶은 관리자에게 도움이 되기를 바랄 뿐이다.

출간 이후 개정판이 나오기까지 도움을 주신 분들이 많다. 지면을 통해 초판 이후 만나게 된 귀한 분들에게 감사의 인사를 드리고 싶다. 용인 그레이스 치과 윤성욱 원장님, 솔동물의료센터 윤대영, 장한나,

전기옥 원장님, 신통 정형외과 심제성 원장님, 틀플란트치과 차선주 원장님, 미래로치과 이재민 원장님, 친절한홍치과 김기홍 원장님, 치아나라 234치과 김경중 원장님, 자연치유한의원 허정우 원장님, e튼튼치과 김정현 원장님, 디지털허브치과 천세영 원장님, 혜화편한의원 김민서 원장님, 아는치과 김민섭 원장님, 이분들의 배려와 도움이 내 비즈니스가 자리잡는데 큰 기여가 되어 깊이 감사하다.

이외에도 BNI(Business Network International)를 통해 만난 홍성교, 송정헌, 유건우 디렉터님, 강선미, 유태영, 최상봉 대표님을 포함한 BNI 메디컬챕터 대표님들, 팟빵 서초 핫캐스트를 통해 만난 BNI 서초지역 맴버분들, BNI 독서클럽을 통해 교류하고 있는 정무늬 회장님과 존윤 ND(National Director)님, 박철수 원장님과 BNI 맴버분들... BNI는 나의 사업이 성장하는데 결정적인 도움을 준 모임이다. 특히 김혜영 디렉터, 김우민 대표와는 팟캐스트(팟빵 서초 핫캐스트) 및 유튜브(리스펙트 병원컨설팅) 기획, 촬영, 녹음등의 제작을 통해 나와 주변 대표님들의 스토리가 다양한 채널을 통해 세상에 전달될 수 있는 소중한 경험을 도와주신 분이다. 아울러 이번 개정판 출간에 도움을 주신 명문기획 목영만 대표님에게도 특별한 감사의 인사를 드리고 싶다.

마지막으로 늘 나를 위해 기도해주시는 부모님, 부족함에도 항상 응원해 준 아내 이정선과 이제는 대학생과 고3이 된 후트리오(후신, 후찬, 후영) 삼남매, 여동생(승희)네 가족, 장모님을 비롯한 처갓집 식구들에게도 감사와 사랑의 인사를 드리고 싶다. 그리고 지금도 나의 곁에서 그 누구보다 나를 사랑해주시는 하나님께 감사드린다.

2022년 3월
이승열

CONTENTS

PART 01 왜 많은 병원은 문을 닫을까?

어느 날 잘 다니던 병원이 사라졌다 · **13**
병원이 문을 닫는 4가지 이유 · **20**
경영원칙이 없으면 병원도 파산한다 · **26**
병원 매출 급락은 불황 탓이 아니다 · **31**
무턱대고 온, 오프라인 광고 하지 마라 · · · · · · · · · · · · · · · · · · · **37**
불만고객을 외면하지 마라 · **43**
병원들도 '부익부 빈익빈'현상을 겪는다 · · · · · · · · · · · · · · · · · · **49**
병원에도 브랜딩이 필요하다 · **55**

PART 02 진료만 잘해서 성공하는 시대는 지나갔다

진료만 잘해서 성공하는 시대는 지나갔다 · · · · · · · · · · · · · · · **65**
초진환자를 늘려라 · **71**
원장이 인사만 잘해도 병원은 성공한다 · · · · · · · · · · · · · · · · · · **78**
환자와 소통하라 · **84**
충성고객부터 확보하라 · **90**
불량고객과 불만고객을 구분하라 · **97**
고객의 니즈를 넘어선 원츠를 찾아라 · · · · · · · · · · · · · · · · · · · **104**

PART 03 성공하는 병원의 7가지 비밀

- 진료만 하지 말고 경영까지 하라 ········ 113
- 이름만 잘 지어도 명품병원이 될 수 있다 ········ 119
- 성공병원에는 성공전략이 있다 ········ 125
- 작은 혁신부터 시작하라 ········ 132
- 우리 병원만의 대표상품을 만들어라 ········ 138
- 우리 병원만의 차별화된 고객경험을 제공하라 ········ 144
- 2,000만 SNS 시대, 고객에게 응답하라 ········ 158

PART 04 원장의 경영수준이 병원의 크기를 결정한다

- 원장의 경영수준이 병원의 크기를 결정한다 ········ 167
- 자신만의 철학으로 병원을 세워라 ········ 173
- 의사라면 개원만이 정답이다 ········ 180
- 원장은 선수이자 코치가 되어야 한다 ········ 185
- 혁신은 원장으로부터 시작된다 ········ 191
- 고객 유치보다 고객 유지가 먼저다 ········ 197
- 병원에서는 원장이 브랜드다 ········ 203

PART 05 답은 사람이다, 구성원의 숨은 역량을 찾아라

- 병원의 첫 번째 손님은 직원이다 ········ 211
- 성실한 직원은 성실한 병원문화가 만든다 ········ 216
- 출근하고 싶은 직장을 만들어라 ········ 221
- 직원에게 열정을 불어 넣어라 ········ 227
- 고객관리 서비스 교육에 집중하라 ········ 233
- 잘나가는 병원에는 경영실장이 있다 ········ 239
- 직원의 성장이 병원의 성장이다 ········ 247

PART 01

왜 많은 병원은 문을 닫을까?

어느 날 잘 다니던 병원이 사라졌다

병원이 문을 닫는 4가지 이유

경영원칙이 없으면 병원도 파산한다

병원 매출 급락은 불황 탓이 아니다

무턱대고 온, 오프라인 광고 하지 마라

불만고객을 외면하지 마라

병원들도 '부익부 빈익빈'현상을 겪는다

병원에도 브랜딩이 필요하다

성 공 하 는 병 원 의 7 가 지 비 밀

SECRET

어느 날 잘 다니던 병원이 사라졌다

"다니던 병원이 없어졌는데 어떻게 하죠? 병원도 망합니까?"

내가 사람들에게 자주 듣는 질문이다. 나는 그들에게 다니던 병원을 찾는 목적이 자신의 이전 진료기록이나 자료가 필요하기 때문이라면 주소지 관할 보건소에 연락하면 해결할 수 있다고 안내한다. 예전 원장에게 진료를 받고 싶다는 말에는 그냥 새로운 병원을 찾아보라고 말해준다. 보통 병원이 폐업을 하게 되면 기존 고객들에게 폐업 사실을 문자로라도 알린다. 그러한 연락이 없었다는 것은 여러 이유로 다시 만나기는 어렵다는 뜻이다. 원장 역시 병원을 경영하는 사업자이기 전에 개인이다. 원장의 개인정보도 보호되어야 하기 때문에 특별한 사유가 없다면 보건소에서 연락처를 알려 주지 않는다.

검색사이트에 '병원폐업'을 검색해 보았다.

"개인병원 폐업률 12%... 부와 명예는 옛말"
"의사, 개인회생 신청의 40% 차지... 병원폐업도 급증"
"요양병원 절반은 폐업... 갈 곳 없는 환자들"
"서울서 실패한 병원들 짐 싸서 찾는 도시는?"
"의사도 폐업하고 빚 못 갚아... 닥터론 인기 시들해져"
"청년의사 – 심해지는 경영난, 문 닫는 병원 5년 새 22% 증가"
"경영난 못 버티고 문 닫는 병의원들 한해 5,000개"

오랜기간 병원에 근무했고 지금은 병원을 돕은 것을 업으로 하는 나에게는 남의 일이 아니다. 거래처 병원이 망해서 야반도주 했다는 말도 가끔 듣는다. 함께 일하는 봉직의의 채권은행이 병원에 봉직의 급여에 채권 추심을 요청한 일도 있다. 주변 병원과의 경쟁이 힘들어 지방으로 이전하고 싶다는 원장에게 지방의 개원지를 소개시켜 준 일도 있다. 이제는 병원이 망하거나 의사도 파산할 수 있는 시대다.

병원이 폐업하는 이유는 시대상도 있다. 예전에는 병원을 개업하면 은퇴할 때까지 한 곳에서 진료하는 것을 미덕으로 여겼다. 그러나 신도시가 많이 생기고, 상권이 이동하고, 사람들의 주거지도 자주 바뀌면서 이제는 한 곳에서 병원을 운영하는 것이 현실과 맞지 않을 때도 있다.

얼마 전 만난 한 원장은 10여 년 동안 진료했던 지금의 장소에서 옆 신도시로 병원 이전을 계획하고 있었다. 원장의 말에 의하면 환자들이 먼저 이 병원은 옆 신도시로 이전 하지 않느냐는 질문을 했다고 한다. 환자들도 신도시로 많이 이사 갔고 상권도 신도시로 옮겨지는데 왜 이 병원은 이전하지 않느냐는 질문이었다.

이에 원장은 여기에서 은퇴하겠다는 애초의 결심을 내려놓고 지금은 병원 이전 계획을 세우고 있다. 그동안의 자료를 검토해 보니 환자 상당수가 이미 이 지역에 살고 있지 않음도 확인 되었다. 원장은 그 전까지는 병원을 옮기는 것은 환자에게 무책임한 일이라 여겼다. 그러나 지금 시대는 성공한 병원이라도 이전해야 하는 상황이 생긴다.

인구구성 변화에 따른 병원 폐업도 있다. 인구구성의 변화와 시대의 흐름에 따른 결과로 최근 수년간 산부인과·소아과·비뇨기과의 경우 폐업한 병원이 개업하는 병원보다 많다. 특히 산부인과 의원의 경우 2016년~2020년까지 최근 5년간 13.6%가 줄어 가장 심했다.

의료계에는 오래전부터 산부인과 폐업을 예상했다. 많은 여성들이 출산 자체를 기피하고, 병원 입장에서는 출산수가도 낮은데다 포괄수가제 도입으로 수입은 더욱 줄어 대형병원조차 분만실 운영이 어렵다. 2020년 신생아수는 심리적 마지노선인 30만명을 훌쩍 넘어 272,337명에 달했다.(출처: 통계청) 1960년대 매해 100만 명 이상의 신생아수를 감안하면 이는 심각한 문제다. 가임여성도 줄어들고 있어 산부인과 폐업은 앞으로도 이어질 것이다.

국가적 문제인 저출산의 영향에 더해 코로나로 인해 소아과도 개업보다 폐업이 많았다. 서울의 경우에는 지난 10년(2010년~2020년)간 학령인구가 21.9%(220만명) 줄었다. 대략 매년 어린이 인구가 10%씩 감소하는 상황이다. 그에 더해 소아과 역시 산부인과와 마찬가지로 낮은 수가도 문제다. 병원 운영비, 인건비는 오르는데 진료수가는 물가상승률에도 미치지 못하니 경영이 나빠질 수밖에 없다. 소아과는 비급여 처치 과목도 거의 없다. 대부분의 진료가 보험 수가인데, 임대료까지 높아지는 상황에서 폐업이 증가하는 것은 당연하다. 최근에는 코로나로 인한 어려움까지 더해져 소아과는 이중, 삼중고를 겪고 있다.

비뇨기과도 폐업이 개원보다 많다. 비뇨기과가 사라지기 시작한 지는 오래됐다. 돈 되는 요실금 수술은 산부인과에 뺏기고, 음경 확대 수술도 이젠 수요가 많지 않다. 비아그라 처방은 내과나 가정의학과에서도 가능해 약물수요 내원도 예전에 비해 많이 줄었다. 항생제가 좋아져 염증이나 성병 같은 질병 자체가 줄어든 것도 고객들의 비뇨기과 이용이 감소한 주요 원인이다.

영상의학과와 재활의학과는 타과와 협업에 의해 개원보다 봉직의 근무를 많이 하는 상황이다. 영상·재활병원 개원을 위해서는 고가의 진단 및 재활 장비와 다른 병원에 비해 넓은 면적이 필요하기 때문에 초기 투자비용이 높아 요즘 전문의들은 개업보다는 높은 급여의 봉직의 근무를 선호한다.

가정의학과는 비슷한 기능을 가진 내과, 소아과, 이비인후과가 근방에 개원하면 자의반 타의반으로 미개척 도시로 병원을 이전하는 경우가 많다. 사람들의 의학지식이 높아져 넓은 진료 범위의 가정의학과보다 전문화된 진료과를 선호하기 때문이다. 마취통증의학과는 수술 전문 척추 전문 병원들의 진료영역 확장으로 인해 병원이 줄어든 상황이다. 성형외과와 피부과는 진료 대부분이 비보험 적용되고 경쟁력이 있어 타과에 비해 폐업률이 높지는 않으나 경영은 예전보다 힘들어졌다.

1차 병원인 의원뿐만 아니라 2차, 3차 병원도 경영이 어렵다. 지방은 대학병원 분원 설립과 고속철도(KTX· SRT)로 인한 환자 유출이 주요 원인이다. 수도권은 편리한 광역교통체계와 주변 병원, 1차 전문 의원과의 경쟁이 원인이다. 그에 더해 서울대병원(시흥배곧), 서울아산병원(인천청라), 아주대병원(평택), 인하대병원(김포), 경희대병원(하남) 등의 대학병원 분원 설립은 주변 병원들의 큰 어려움이 예상되고 있다.

우리나라에서는 병원의 건강보험 당연지정제로 인한 의료수요 왜곡도 존재한다. 외국에서는 진료비가 높아 병원에서 진료를 받기가 어렵다. 예를 들면 우리나라에서 사랑니 발치는 건강보험 적용되어 10만원 미만의 본인부담금으로 충분히 진료가 가능하지만 외국에서는 수백만 원의 진료비가 청구된다.

건강보험으로 책정된 진료수가 자체를 낮게 책정하다 보니 환자를 많이 진료하고도 병원이 망하는 사례도 있다. 나와 함께 공부했던 가정의학과의 한 원장은 1일 진료 환자수가 150명을 넘을 정도로 많은 환자를 진료했다. 겉으로 보기에는 진료 시간이 부족할 만큼 잘되는 병원이었으나 대부분 보험 진료라 매출이 높지 않았다. 게다가 높은 임대료, 인건비, 관리비등 고정비가 많아 실제 순이익이 얼마 되지 않았다. 병원경영의 어려움을 알게 된 직원들이 먼저 피부나 비만관리 등 비급여 의료상품을 만들자는 제안을 했다. 이에 원장은 충격을 받았고, 우리나라 의료정책에 구조적인 문제가 있다는 생각이 들어 보건의료정책 전반을 배울 수 있는 서울대학교 보건대학원 보건의료정책 최고위과정에 등록했다. 수료 이후에는 외국사례도 연구하고 싶어 병원을 폐업하고 유학을 떠났다. 의료계의 현실을 보는 것 같아 많이 안타까웠다.

이렇게 병원 폐업에는 다양한 이유가 있다. 최근에는 원장의 은퇴로 인한 자연스러운 폐업보다 병원간의 경쟁, 보험급여의 저수가, 인구구조의 변화, 코로나 확산으로 인한 폐업이 더 많다. 앞으로의 병원경영 환경도 암울하다. 초고령화 시대에 따른 인구구조의 변화, 수도권 과밀화도 변화하는 개원환경의 중요 변수이다. 더불어 고속철도 개통, 신규 도로 개설, 대중교통의 발달로 인한 대형병원 쏠림현상이 심화되어 소위 동네병원의 경영은 더 어려워 질 것이다.

이제는 원장이 개원만 하면 성공하는 시대가 아니며, 병원도 더 이상 안정적인 사업이 아니다. 병원이 폐업하면 원장이 1차 피해자지만 그곳을 이용하던 고객들과 직장을 잃게 된 직원에게도 안타까운 사회적 손실이다. 시대의 흐름에 따라 미래에 대비하고, 경쟁력을 갖춰 소비자에게 선택받는 병원만이 성공할 것이다.

병원이 문을 닫는
4가지 이유

사람들은 '의사'라는 직업에 부러움을 갖고 있다. 그러나 현실을 모르고 하는 이야기다.

30년 전만 해도 한해 약 600명 배출되던 의사가 지금은 3,000명 이상 배출되고 있다. 치과계는 1990년 대비 3배 이상의 병원이 개원해 대부분의 지역이 포화상태이며, 많은 한의원이 한의사 공급과잉에 더해 정관장, 비아그라등 대체재 출현으로 경영난을 겪고 있다.

우리나라는 건강보험 당연지정제도를 채택하고 있다. 건강보험에 가입한 모든 국민들은 어떤 병원에서 진료를 받더라도 건강보험의 혜택을 누릴 수 있도록 하는 제도이다. 법적으로 모든 병원은 건강보험에 지정되어 진료비(본인부담금, 비급여 진료 제외)를 건강보험공단에 청구해야 한다. 이는 상대적 약자인 소비자를 보호하려는 정책이지만, 병원에는 매우 불리한 정책이기도 하다. 진료비를 제공자인 병원이 정할 수 없는 것이다. 진료 대상자는 줄고 있는데 진료비도 늘릴 수 없다.

저출산, 저수가, 고위험, 고비용의 산부인과 몰락은 상당히 진행되어 2000년 전국에 2,000곳이던 산부인과 숫자가 지금은 1,400곳도 되지 않는다. 지방의 경우에는 아이를 낳을 병원이 없다. 병원 문제로 인해 지방정부의 출산 정책의 실효성이 떨어질 수도 있는 것이다.

요양병원 상황도 어렵다. 하루에 28,920원~68,690원(2019년 기준)에 입원비, 식대 그리고 의료서비스를 이용하는 모든 비용이 포함되어 있다. 호텔도 아닌 여관비에 식대를 더한 비용 대비 대략 50% 이하의 비용으로 의료서비스가 제공되고 있는 것이다. 그럼에도 수준 높은 서비스와 감염관리에 관한 투자는 병원의 몫이다. 게다가 건강한 사람이면 건강보험 수가가 낮게 책정되어 있는 구조이기 때문에 중증질환으로 입원한 환자를 치료해서 완화되면 건강보험 청구액이 낮아져 병원수익이 감소하는 구조다.

얼마 전 다리 통증으로 입원한 80세의 장모님도 입원 5일 만에 퇴원하셨다. 내가 퇴원 전날 병문안을 갔는데 장모님 상태가 완전하지 못한 것 같아 담당 간호사에게 얼마나 더 입원할 수 있는지 문의했다. 간호사는 빨리 퇴원해야 한다는 말과 함께 원장에게 보고하고 허락이 있으면 더 입원할 수 있다고 했다.

그러나 다음날 장모님은 담당 간호사를 통해 퇴원해야 한다는 통보를 받았다. 건강보험 제도의 시스템을 알지 못하는 큰처형은 환자가 아픈데 퇴원하라는 병원이 어디 있냐고 병원에 항의했다. 나와 대화했던 담당 간호사는 병원의 보험심사팀과도 협의가 필요하다고 했다. 건강보험제도의 시스템으로 인해 환자가 아프다고 해도 퇴원해야 하는 것이다.

최근에는 교통사고로 입원한 아내가 자동차보험으로 인한 입원은 입원기간이 2주만 가능하다는 통보만 받았다. 에어백이 2개나 터지고, 사고차량은 폐차를 할만큼 큰 사고였지만 안전밸트를 매고 있었기에 골절등의 큰 부상이 없는 것이 이유라고 했다. 이전에 들었던 교통사고 환자의 어려움을 아내가 실제 경험하고 있다. 다양한 제도속에서 원장이 소신을 갖고 진료할 수 있는 현실인지 생각해 봐야 한다. 세심한 제도적 보완이 필요하다.

최근에 경영상황이 어려워 상담을 의뢰한 경기도 고양시의 병원을 방문했다. 이전에 다른 원장이 7년간 경영한 병원을 지금의 원장이 인수해 5년째 경영 중인 곳이었다. 방문해 보니 병원이 낡았다는 느낌을 받았다. 인테리어가 나쁘지 않았지만 오래된 게시물과 벽지가 지저분하게 느껴졌다. 12년 전 그대로였다. 원장의 가운도 낡고 얼룩이 있었으며, 진료실 한쪽의 의자 위에는 상자가 쌓여 있었다.

원장은 진료 퀄리티로 유명한 세미나를 지금까지 수년간 공부하고 있으며 진료도 성실하게 보았다. 그는 이야기를 하는 도중 힘든지 여러 번 한숨을 쉬었다. 병원 위치도 사거리 코너이고, 진료 퀄리티도 안정적인데 왜 병원이 안 되는지 원인을 찾지 못하겠다고 했다. 이런 병원의 공통점은 원장이 시장의 변화를 모른다는 것이다. 원장이 생각하는 좋은 병원과 고객이 생각하는 좋은 병원은 다르다. 고객 입장에서는 치료결과가 좋아도 가기 싫은 병원, 다른 사람에게 소개할 수는 없는 병원인 것이다. 원장의 낡고 얼룩진 가운이 높은 퀄리티의 진료세미나를 무의미하게 만든 것이다.

이처럼 많은 경우 병원이 문을 닫는 것은 다음 4가지 이유 때문이다.

첫째, 이제 병원도 경쟁하는 시대다. 예전처럼 동네에 없던 병원이 생기는 일은 없다. 때론 타과와도 경쟁해야 한다. 병원이 무슨 장사냐고 묻는 분들이 있다. 안타깝다. 마음은 이해하지만 그런 마음가짐으로 이 시대에 병원경영은 어렵다. 현실을 인정하자. 앞의 사례처럼 12년 된 시설과 장비로는 소비자를 만족시킬 수 없다. 업그레이드가 필요하다. 기존 병원 입장에서 주변에 새로 오픈하는 병원은 12년 후 미래에서 온 병원이다.

둘째, 의료업은 서비스업이다. 더 이상 원장이 환자에게 의술을 베푸는 호혜(互惠)의 수단이 아니다. 고객이 예민할 때 이용하는 만큼 고객 만족이 어렵다. 서비스 눈높이가 세계 최고인 국내 소비자를 대하는 만큼 과거의 방법으로는 절대 성공할 수 없다.

셋째, 병원의 첫 번째 고객은 직원이다. 그런데 원장이 직원을 비용이나 소모품으로 여기는 경우가 있다. 병원은 원장이 1개소만 설치할 수 있는 대표적인 산업보호 업종이다. 직원이 실제 주인이 될 수 있는 기회가 없다. 일반기업에 다닌다면 임원을, 공직에 근무하면 기관장을 꿈꾸며 업무에 매진할 수 있으나 병원에서 직원은 오너를 꿈꿀 수 없다. 그래서 많은 간호사들과 의료기사들이 공무원, 대학병원 취업에 관심을 갖는다. 그러나 병원 경쟁력은 의사로만 완성되지 않는다. 복잡하고 다양한 고객의 욕구를 충족시켜 주는 것은 의사 혼자 할 수 없다. 그래서 직원의 경쟁력이 곧 병원의 경쟁력이다. 그에 따르는 동기부여와 열정을 불러일으키는 원장의 관심이 있어야 한다.

넷째, 병원에도 경영이 도입되어야 한다. 병원은 업의 특성상 가장 급하고 중요한 업무가 진료일 수밖에 없다. 의료계에서 경영, 서비스, 마케팅이란 단어가 금기어인 시대도 있었다. 하지만 전략적, 효율적 경영을 해야 하는 지금 시대에 경영을 공부하지 않으면 낙오되거나 심한 경우 시장에서 퇴출된다. 예전에는 주변에 병원이 없어서 개원이후 좌충우돌 경영을 배울 시간이 있었다. 지금은 실수를 경험하며 성장할 시간적, 물질적 여유가 없다. 많은 의사들이 성공을 위해 진료공부를 계속하는데 성공진료는 가능해도 성공개원은 보장할 수 없다. 병원에서 경영이란 중요하지만 급하지 않은 업무다. 경영도 어려워진 다음 해결하기보다 미리 준비하는 것이 좋다. 뒤에서 다루겠지만 특히, 인사업무는 미리미리 준비하는 만큼 경영에 큰 도움이 될 수도, 어려움이 될 수도 있다.

이제 원장에게 경영은 성공을 위한 선택 사항이 아닌 생존을 위한 필수 사항이다. 나는 그동안 자신의 병원이 문을 닫는 이유도 모르는 원장들을 수없이 만났다. 그들은 원인을 자신의 문제, 시장 환경으로만 여길 뿐 변화하는 시대의 요구와 환자의 눈높이는 생각하지 않았다. 그러나 의료계도 공급자 중심이 아닌 소비자 중심의 시대이다. 공급자인 의사가 아닌 소비자인 고객의 관점으로 병원을 경영해야 성공할 수 있다.

경영원칙이 없으면
병원도 파산한다

언론에 '병원 폐업'이라는 말이 자주 등장하고 있다. 거듭 말하지만 지금은 개원만 하면 성공하는 시대가 아니다. 병원경영이 어려운 이유는 환자가 없고 그에 따른 매출이 없기 때문이다. 의료서비스는 환자가 없으면 가치를 만들 수 없다.

몇 년 전 서울소재 대학병원이 수도권에 신규분원을 검토하고 있었다. 이제는 대학병원 개원도 수요와 공급의 논리로 접근해야 지속가능한 시대다. 대학병원조차 망할 수 있다는 가정아래 개원 적정성 평가가 필요한 시대가 되었다. 대학병원 측은 자체 평가와 외부용역을 통해 신규분원의 성공 여부를 검토했다. 그 결과 가급적 빠른 특정분야 전문병원 개원만이 성공 가능성이 있다는 보고서가 제출되었다. 결국 내부

사정으로 인해 신속한 의사결정이 어려운 상황에서 신규분원 계획은 폐기되었다.

이후 분원검토지 인근에 인구 수십만 명의 대규모 신도시가 들어섰다. 대학병원 측은 당시에 추진하지 못한 것을 아쉬워했다. 이렇듯 대학병원도 존립의 문제로 쉽사리 개원하지 못하는 상황이 지금 의료계의 모습이다. 자본과 인력, 조직이 모두 열세인 개인병원의 경영은 말할 것도 없다.

일부 원장은 많은 문제를 자의적으로만 해석한다. 예전의 성공 경험이 현실 인식에 방해가 되기도 한다. 일부 독선적인 원장은 상식적인 조언조차 받아들이지 못한다.

나는 10여 년 전 수도권에 있는 병원에 잠시 근무한 적이 있다. 이전부터 알고 지낸 원장의 거듭 된 요청으로, 특별 채용되어 직원으로 근무했었다. 지방에서 성공해 수도권으로 이전 개원 한 그 원장은 자기 생각대로 진료가 되지 않으면 진료기구를 던지고 직원에게 폭력과 폭언도 서슴없이 행사했다.

나는 원장에게 그런 행동을 멈출 것을 요청했다. 처음에는 내 요청을 들어 주던 원장은 얼마 지나지 않아 그런 행동을 반복했다. 나는 근무한지 4개월 만에 병원을 그만 두었다. 그 병원은 얼마 후 폐업하고 이전의 지방에 재개원했다.

그런데 그때 알게 된 사실은 당시 지방의 기존 환자는 원장의 그런 행동을 환자를 위한 것으로 알고 있다는 것이다. 진료를 위해 지방에서 이전한 병원으로 방문했던 한 환자는 원장이 환자들을 얼마나 위하는지 직원들이 이해하지 못한다며 오히려 나를 나무라기도 했다. 그에 비해 수도권의 환자들은 매일 클레임을 걸어 왔다. '원장이 이상한 사람이다', '병원이 무섭다', '직원이 자주 바뀐다'가 주된 내용이었다. 4개월의 짧은 시간이었지만 그 때 느낀 경험은 오랜 시간이 지난 지금도 안타까운 기억으로 남아 있다.

물론 지방의 환자들과 원장의 인간적인 관계를 내가 모를 수도 있고, 수도권에서의 개원 기간이 짧아 환자들이 원장을 제대로 이해하지 못한 것일 수도 있다. 하지만 이제 이런 구시대적 경영으로는 성공할 수 없다는 것이 내 생각이다.

나는 아직도 예전 경영 방식만을 고수하거나 경영을 하찮게 여기고 무시하는 원장들이 안타깝다. 그런 원장은 대체로 돈을 버는 것에 겉으로는 부정적인 것처럼 보인다. 직원을 포함한 주변사람들이 알아서 모른 척 해주길 바란다. 속으로는 돈도 많이 벌고 시간적 여유도 갖고 싶음에도 말이다.

또한 다른 사람의 조언을 귀담아 듣지 않는다. 공부를 잘했기 때문에 어떤 일이든 자신이 가장 잘 안다고 생각한다. 그런데 이런 생각이 과해 다른 분야 사람들을 어지간해선 인정하지 않는다. 게다가 다른 사람의 평가를 불편해 한다. 자신의 어려움을 솔직하게 알리고 도움을 청하지도 않는다.

　원장들이 만족하는 상담 중에 하나가 병원경영의 실폐사례다. 동료 의사들이 많지만 실패사례를 듣기가 쉽지 않기 때문이다. 많은 의사들은 실패사례를 공유하지 않는다. 자존심이 상하기 때문이다. 공유하면 같은 실패를 하지 않을 수 있을 텐데 자신의 자존심이 상한다는 이유로 공개하지 않는다. 실패 사례를 공유하지 못하다보니 같은 실패를 반복하게 된다.

　이제 원장의 실패는 사회적 문제다. 인천·수원·춘천을 제외한 수도권, 강원도의 2009~2013년 5년간 개인회생 신청은 1,145건이었다. 이 중 의사·한의사·치과원장이 449명으로 39.2%를 차지했다. 개인회생 신청자의 10명중 4명이 의사라는 이야기다. 대부분의 원장은 병원의 의무에 대해 무한 책임을 지기 때문에 병원의 실패는 대부분 원장의 실패다. 금융기관의 의사 대출 가능 금액과 우대금리도 줄어들었다. 금융권의 이러한 반응이 병원 경영의 어려움을 냉정하게 평가하는 바로미터가 아닐까 한다.

　그런가 하면 병원경영의 원칙이 없어 파산하는 경우도 있다. 몇 년 전 신도시에서 저수가 네트워크 치과로 인해 주변 치과들이 어려움을 겪는 상황이 있었다. 당시 병원의 경영원칙을 지킨 치과들은 지금도 있지만 진료 프로세스와 퀄리티는 종전과 같이 유지하면서 수가만 저수가로 바꾼 치과는 수익률 악화로 몇 년 지나지 못해 폐업했다. 폐업한 치과의 환자들도 병원이 없어져 피해를 보았다.

예전에 볼 수 없었던 병원양도매물도 심심치 않게 발견된다. 어려워진 경영난을 보여주는 현실이다. 성형외과, 피부과, 치과등 비급여 의료의 메카인 강남 3구에는 수십 개의 병원이 주인을 찾고 있다는 사실은 의료계의 공공연한 비밀이다. 게다가 병원의 권리금도 하락세다.

예전에 병원 양도 때 받는 진료차트는 기존 환자에 대한 소중한 자료로 양수 병원의 입장에서 큰 자산이었다. 그러나 병원에 대한 로열티가 없어지고, 환자의 개인정보 취급이 어려워진 지금은 오히려 짐이 되는 경우도 많이 있다. 실무에서 병원의 양도, 양수 업무를 진행하면 환자의 인수에 대한 논의가 가장 어렵고 민감하다. 이후 발생되는 책임의 범위를 정확히 정하는 것도 현실적으로 쉽지 않다. 그래서 양수 개원을 배제하고 신규 개원만 진행하는 원장도 늘고 있다. 권리관계가 불명확한 양도물건은 반응조차 없다. 이제는 병원을 팔기도 어렵다.

병원의 파산으로 인한 피해는 1차적으로 병원을 경영한 원장에게 오지만 직장을 잃어버린 직원과 병원을 방문하던 고객도 피해자라는 것을 기억해야 한다. 원장들이 경영에 관심을 가지면 행복하게 병원을 경영할 수 있다. 그래서 파산에 쫓기는 의사, 폐업을 고민하는 병원이 아니라 환자에게 존경받는 의사, 존경받는 병원이 되기를 바래본다.

병원 매출 급락은
불황 탓이 아니다

매출이 감소할 때 원장이 가장 먼저 해야 하는 일은 직원관리다. 병원은 원장을 포함한 모든 직원이 함께 일하기 때문에 환자와 매출의 많고 적음이 항상 공유된다. 그래서 관리자인 실장은 물론 말단 직원조차 스트레스를 받는다. 똑똑한 직원일수록 매출이 감소했을 때 원장의 눈치를 보며 근무할 가능성이 높다. 평소에는 아무렇지 않던 원장의 말도 자신에 대한 문책이나 비난으로 여길 수 있다. 사소한 말로 인해 오랫동안 쌓은 신뢰를 무너뜨릴 수 있다. 병원 입장에서 매출감소보다 더 큰 위기는 인재를 잃는 것이다.

매출이 떨어져 경영이 어려운 병원에 방문하면 대체로 직원들의 자존감과 사기가 떨어져 있는 것을 볼 수 있다. 거듭 말하지만 병원의 매출이 떨어지면 가장 먼저 직원의 사기부터 돌봐야 한다. 그렇지 않으면 호황기에도 병원이 성장할 수 없다. 함께 어려움을 극복한 직원은 호황기에 병원의 인재로 쓰일 수 있다. 어려움을 공유한 만큼 신뢰도 쌓이고, 진심을 알기 때문이다. 돈으로 살 수 없는 소중한 자산이자 경험이다. 그러므로 원장은 외부환경으로 매출이 급락하는 시기를 사람을 키우는 시기이자 기회로 여겨야 한다.

전 국민 건강보험제도를 채택하고 있는 우리나라는 국가주도의 사회보험적인 성격을 갖고 있다. 그러나 병원의 주인은 90%이상이 국가가 아닌 개인이다. 국가가 제도를 운영하고 책임은 원장이 지는 형태다. 원장은 자신의 병원에 투자하고 책임을 진다. 하지만 이제는 병원이 많아진 만큼 병원사업을 하는 것이 쉽지 않다. 최소한 늘어나는 비용만큼 매출이 늘어나야 종전의 이익률을 유지할 수 있지만, 경쟁을 비롯한 여러 이유로 현실은 그렇지 못하다.

게다가 다양한 방법으로 생산과 매출을 늘릴 수 있는 다른 산업과는 달리 의료업은 소비가 어느 정도 정해져 있다. 소비가 늘어나는 것이 적정한 지에 대한 윤리적인 논란도 있다. 수도권 병원은 이미 많은 지역에서 공급이 수요를 초과한 상황이다. 기존 병원에 매년 개원하는 병원이 더해져 더욱 경쟁할 수밖에 없다. 최근에는 타 진료 과의 영역 확장으로 인한 어려움도 발생하고 있다.

지방의 경우 경쟁으로 인한 어려움은 수도권에 비해 적으나 인력수급의 어려움이 큰 문제다. 의료 인력을 구하지 못해 폐업이나 이전을 고민하고 있는 병원도 있다. 내가 지방에서 근무 했을 때 근로계약 만료예정인 직원이 임금협상을 하기도 전에 사직서를 제출해 개인 면담을 한 적이 있다. 그 직원은 서울에서 살고 싶다는 이유로 병원을 퇴사했다. 이런 일은 어렵지 않게 볼 수 있다. 많은 병원직원이 20~30대의 미혼 여성인 점을 감안하면 지방에서 근무하는 사람 중에 대다수가 도시생활을 선호하는 것은 어쩔 수 없는 현실이다. 원장과 봉직의도 마찬가지이다. 지방 환경에 적응했더라도 자녀교육의 문제로 집을 서울로 옮겨 출퇴근하는 상황도 발생한다. 지방은 지방 나름대로 어려움이 있다.

병원 경영이 어려운 다른 이유는 예전에 비해 매출은 줄고, 비용은 늘었기 때문이다. 병원이 많이 생겨 진료건수가 줄어든 반면, 비급여 진료수가는 내가 병원에서 근무하기 시작한 2002년과 현재 차이가 별로 없다. 오히려 임플란트 진료의 경우 예전의 절반이하로 가격이 낮아졌다. 보험급여수가는 오르기는 했으나 물가상승률조차 반영하지 못한 상승률이다.

재료비는 물가상승과 신제품 개발로 꾸준히 올랐다. 특히, 치과 보철물의 재료로 많이 사용 되는 금(Gold)의 경우에는 2002년 1돈(3.75g)의 3만원 정도였던 가격이 지금은 다섯 배 이상 높아졌다. 임대료 상승은 지역에 따른 편차가 크기는 하지만 대체로 수 배이상 올랐다. 인건비도 급여 상승과 복리후생을 감안하면 최근 10년 사이 전체 비용이 최소 2배 이상 많아졌다. 고객들의 서비스 요구도 많아져 예전보다 많은 보조 인력이 필요하다. 주 40시간 근무제 도입 및 확산으로 원장의 지출은 앞으로도 늘어날 것이다.

그럼에도 매출 증대로 비용 증가의 어려움을 이겨낸 사례도 있다. 이런 병원의 공통점은 변화하는 시장의 요구에 부응하여 고객의 호응을 이끌어 냈다는 것이다. 최근에 근무했던 치과도 원장과 개원 초기에 어떻게 하면 고객이 만족하고 매출도 높일 수 있을까 고민했다.

먼저, 찾아오는 고객에게 만족을 주고 고객 재방문 동기부여를 위해 올바른 칫솔질 교육법 알리기 프로젝트를 시행했다. 개원 인사용 답례품으로 제공한 칫솔을 환자가 2~3개월 사용한 뒤 그것을 가지고 다시 내원하게 하는 것이다. 사용한 칫솔을 가지고 재방문한 고객에게는 자신에게 적합한 칫솔질 교육법(TBI : Tooth Brushing Instruction)을 알려주겠다는 내용을 칫솔케이스에 인쇄했다. 고객들에게 칫솔에 남겨진 자기만의 칫솔질 기록으로 문제점파악해 올바른 칫솔질 방법을 알려주자 반응이 매우 좋았다. 프로젝트를 진행하기 위해 진료실 직원을 대부분 TBI 전문가인 치위생사로 배치하고, 사전 연습을 통해 미리 상황에 맞는 답변을 준비했다. 고객들은 크게 만족해서 지인이나 가족에게 소개하는 등 올바른 칫솔질 교육법 알리기에 참여했다. 또한 자신에게 맞는 올바른 칫솔질을 다시 점검하고자 우리치과를 방문하는 환자가 늘어났다.

이외에도 기억에 남는 프로젝트가 있다 환자들과 함께하는 지역사회 기부프로젝트다. 처음에는 우리가 가진 재능으로 주변의 어려운 이웃을 돕자는 취지로 시작했다. 지역아동센터를 방문해 복지사각지대에 있는 어린이들에게 올바른 칫솔질을 교육하고 충치를 치료해 주는 등 지역사회에 기여했다. 그러다가 병원을 방문한 환자들도 참여시켜 보자는 직원들의 의견이 있었다. 진료 중 나오는 폐보철물의 경우, 보통은 치과에서 의료폐기물로 처리하는데 이 과정에서 작은 수익이 발생한다. 이것을 환자가 가져가거나 기부하는 것이 어떻겠냐고 제안한 것이다. 치과의 취지에 공감한 환자들의 협조로 꽤 많은 폐보철물 처분 금액을 확보 할 수 있었다.

이후 기증한 환자들의 내원지역을 조사한 결과 90%이상이 인근지역인 것을 확인할 수 있었다. 우리는 지역사회 환원을 위한 방법으로 학생 급식비 지원을 결정했다. 초등학교와 중학교는 무상급식을 실시하고 있어 가장 가까운 고등학교로 결정했다. 복지사각지대에 존재해 급식비를 내지 못하는 학생을 찾아 지원하는 방법으로 프로젝트를 진행했다. 모자란 기부금은 원장이 보태 개원 1년차에는 2명의 1년 치 급식비 140만원을, 2년차에는 4명에게 170여만 원을 기부했다. 이렇게 지원한 내역의 기탁서와 함께 참여해 준 기증자 명단을 게시해 투명하게 공개했다. 얼마 전 지인이 우리치과를 이용하게 되었는데 해당 내용을 보고는 자신도 참여하고 싶다며 관심을 보였다.

이렇듯 많은 환자들이 자신이 이용하는 병원이 착한 병원이기를 바란다. 자신의 진료와 관련된 것은 물론, 사회적 책무까지도 다하는지를 살피는 것이다. 이제는 환자와 공감하고, 행동하는 병원이 사랑받을 수 있다.

　개원 1년 이후 병원이용객 자료 분석결과, 개원 전의 예상과 달리 아파트 밀집지역임에도 인근 직장인 비율이 매우 높았다. 이에 따라 방문하고 있는 직장인에 대해 면밀히 관찰하기 시작했다. 그때 나온 응대 아이디어가 원장이 직접 환자에게 명함을 건네는 것이다. 직장인들은 평소 명함을 주고받는 것에 익숙하지만 병원이라는 예상치 못한 공간에서 원장의 명함을 받는 것에 감동하기도 했다. 실제로 인근 대기업에서 근무하고 있는 친구를 통해 우리병원이 다른 병원과 다르게 고객에게 친절하고 이용이 편리하다는 칭찬을 듣게 되었다. 기업 내부 인트라넷에 병원 추천 글이 자주 올라온다는 말도 들었다.

　이처럼 병원의 매출이 급락하는 원인은 외부보다는 내부의 문제에 있다. 매출이 떨어질 때 외부에서 원인을 찾으려 하지 말고 병원 내부의 원인을 먼저 검토하는 것이 옳다. 내부적인 원인을 해결하고 전략적으로 준비해 시장에 적절히 대응한다면 불황이라도 매출 감소에 빠지지 않을 수 있다.

무턱대고 온, 오프라인 광고 하지 마라

개원 초기에 환자가 예상보다 많을 수 있다. 새로 문을 연 식당과 비슷한 것으로, 병원을 직접 확인하고 싶어 하는 사람들이 많기 때문이다. 치과의 경우 자녀의 검진처럼 작은 진료부터 시작해 병원 서비스에 만족하면 비용이 많이 드는 임플란트나 교정 진료로 확장되는 경우가 많다. 그러한 분위기를 이용해서 병원의 경영을 안정적으로 연결하려는 원장들은 개원초기에 온·오프라인 광고에 관심을 갖는다. 단기적인 측면으로는 효과가 있을지도 모르지만 장기적인 측면에서는 오히려 광고를 하지 않는 것이 좋을 때도 있다.

예를 들면 개원 예정일에 맞추어 버스광고, 마트광고, 전단지광고를 대대적으로 진행했는데 개원 예정일이 연기된 경우, 광고로 얻는 긍정적인 효과보다 고객의 실망으로 인한 부정적인 영향이 클 수 있다. 설마 그런 병원이 있겠냐는 생각을 할 수도 있다.

그러나 개원 초기 어수선하고 손발이 맞지 않는 상황은 흔하다. 병원 구성원의 인격이나 실력의 문제라기보다는 구성원들의 팀워크를 포함한 새 병원에서의 업무가 아직 숙달되지 않았기 때문이다. 그래서 원장을 포함한 직원들이 준비된 상태에서 광고가 집행되어야 한다. 그러므로 개원초기에는 넓은 범위로 광고를 진행하지 않는 것이 좋다.

개원 전에는 먼저 접근 가능한 가망 고객의 범위를 정해야 한다. 교통이 좋고, 유동인구가 많은 지역에 개원하게 된 상황이라면 광범위하게 광고해야 한다고 생각할 수도 있다. 하지만 개원 초기에는 가급적 좁게 설정한 목표지역에 광고를 집행하는 것이 효과적이다. 예를 들면 처음에는 같은 건물 입주자에게 개원 사실을 알리고 인사를 나누는 것이 좋다. 그다음에는 일정거리나 상권영역을 감안해 병원을 알려야 한다.

강남의 한 병원에서는 넓은 지역에서 고객이 방문할 수 있다는 생각으로 넓은 범위로 광고를 진행했다. 그러나 이후 내원고객을 확인한 결과 집은 멀어도 직장이 병원에서 매우 가까운 인근 지역인 경우가 많았다. 이처럼 개원초기에는 병원 주변의 생활권을 가진 고객이 방문하는 것이 일반적이다.

또한 광고의 집행 방향은 서울을 기준으로 하향식으로 진행하는 것이 효과적이다. 우리나라 의료계 소비의 특성이 병원을 찾아 서울로 올라가는 것은 가능해도 서울에서 내려오는 것은 어렵다는 점을 반영한 것이다. 예를 들면 내가 근무하는 수원지역에서는 아무리 훌륭한 진료가 진행되어도 소개 등의 상황이 아니고서는 광고로만 서울의 환자가 유입되는 일은 거의 없다. 관련통계를 분석하면 이러한 사실을 확인할 수 있다.

지역 거점 도시는 주변 도시의 환자 유입은 있으나 주변 도시로의 환자이동은 많지 않다는 것도 고려해야 한다. 오프라인 광고는 해당 지역 1등이나 2등을 하고 있는 상황이 아니면 효과가 미미하다는 것이 내가 경험한 사실이다.

또한 개원초기 물량공세는 주변 병원에게 위화감을 줄 수도 있다. 의료업이 경쟁 사업이긴 하지만 타 의료기관과의 관계를 생각하면 병원이 상호 협력해야 한다. 담합(카르텔)을 의미하는 것이 아니라 다른 병원도 존중해야 한다는 의미다. 가끔 우리 병원만 진료를 잘하는 것처럼 광고 하는데 이는 위험한 발상이다. 우리나라 의과대학과 의료 인력의 수준을 감안하면 다른 병원 원장도 의학적으로 검증된 진료를 할 것이기 때문이다. 그럼에도 무리하게 광고를 집행해 지역사회에 위화감을 준다면 공공의 적이 될 수도 있다.

온라인 광고도 마찬가지다. 목적이 없는 온라인 광고는 소요되는 비용과 담당직원의 업무량만 높인다. 홈페이지를 구축할지, 블로그 마케팅을 진행할지, 페이스북, 카카오톡, 인스타그램등 SNS 마케팅을 진행할지에 대한 목적과 구체적 전략이 없다면 안 하느니만 못한 경우도 많다. 원장은 관심도 갖지 않으면서 담당직원도 없는 상황에서 업체에만 맡기고 피드백 하지 않는 것이 가장 위험하다. 직접 직원이 운영하든, 업체에 맡기든 중요한 것은 목적에 맞게 진행하는 것이다. 이를 실현할 유일한 방법은 사전에 정해진 피드백을 하는 것이다.

이전에 근무했던 가족 네트워크 병원에서는 똑같이 온라인을 보고 내원한 고객의 진료동의율이 지점별로 큰 차이를 보였다. 처음에는 각 지역 고객들의 수준 차이로 여겼다. 하지만 나중에 확인해 보니 온라인에서 표현되고 있는 병원의 모습에 따라 환자의 반응이 달랐다. 같은 네트워크 병원이라도 한 곳은 홈페이지에 환자의 질문과 답변도 자주 올라오고, 병원의 분위기 좋은 모습이 많이 표현되어 있어 고객들에게 안정감을 주었다. 반면, 다른 곳은 병원 정보만 일방적으로 제공되고 있었다. 그렇다 보니 좋은 모습의 안정감을 준 병원의 상담동의율은 높았으나 그렇지 못한 곳은 병원을 신뢰하지 못해 상담에 어려움을 겪게 된 것이다.

병원의 신뢰를 높이고, 환자와의 커뮤니케이션이 원활하게 진행될 때 온라인 운영의 목적을 이룰 수 있다. 특히 홈페이지는 매출 증가보다 편안한 병원 이용을 위한 정리된 정보제공의 역할을 해야 한다. 홈페이지에 고객 문의가 올라오면 실시간으로 알리는 시스템을 갖추거나 최소한 매일 1회 이상 확인해야 한다. 고객이 질문을 해도 2~3일 이상 답변하지 않는 병원을 신뢰하지 못하는 것은 어찌 보면 당연하다. 블로

그는 병원, 원장의 모습이 고객에게 진솔하게 전달되는 곳이다. 환자가 준 선물이나 직원의 생일축하, 회식모습 등 병원의 실제 모습을 보여주는 채널로 활용하면 효과적이다. 진료 분야가 나누어져 있을 경우에는 네이버나 다음카페를 운영해 진료 카테고리별로 환자에게 정보를 제공하거나 Q&A를 진행하는 것도 좋은 방법이다.

몇 년 전 서울의 유명 성형외과 마케팅 실장이 자신이 겪은 황당한 사례를 들려주었다. 그 병원은 가슴성형을 주로 하는 곳이었는데 10시에 예약한 수술환자가 내원하면 원장이 외래진료를 진행하느라 실제 수술은 오후 2~3시에 진행된다고 했다. 수술환자 대기실이 별도로 마련되어 있지 않아 일반대기 환자와 같은 공간에서 가운을 입고 장시간 대기하고 있다는 이야기였다. 내가 요즘 같은 시대에 어떻게 그럴 수 있냐고 물었더니 마케팅 실장도 나와 같은 생각이 들어 회의시간에 문제 제기를 했다고 하였다. 원장을 따로 찾아가 이야기한 적도 있단다. 그런데 S대 교수 출신 원장은 "내가 우리나라 제일의 S대학병원 외래교수인데 나에게 수술을 받는다는 사실만으로도 영광이 아닌가?"라고 대답했다고 한다. 나는 놀라움을 금치 못하고 "그런 병원은 잘될 리가 없는데…"라고 말했다. 그 실장도 병원 매출이 떨어진 시점이 프로세스를 개선 할 수 있는 적절한 타이밍이라는 생각에 다시 문제 제기를 했다고 한다.

결론은 수술 환자의 대기 프로세스 개선이 아니고, 온라인 마케팅

비용증가로 났다는 이야기를 듣고는 내 귀를 의심했다. 그런데 지역이 강남이고, 전국을 상대로 온라인 마케팅을 진행하다보니 실제 신환은 다시 늘어난다는 실장의 이야기를 듣고 무언가 잘못되었다고 생각했다. 내 예상대로 수년이 지난 지금은 주인이 바뀌었다.

이렇듯, 많은 원장들이 개원준비에 있어 우선순위를 온·오프라인 광고에 두는 것은 다시 한 번 생각해 보아야 한다. 무턱대고 알리는 것보다 무엇을 알릴까를 우선 고민해야 한다. 자신이 개원하려는 지역에 병원이 없다면 어느 정도 효과가 있을 수도 있으나 경쟁병원이 있다면 어떻게 우리 병원을 고객에게 알릴까 먼저 고민해야 한다. 광고를 하기 전에 왜 광고를 하는지 기억하자.

불만고객을
외면하지 마라

병원에서의 불만은 일반기업과는 다른 특징이 있다. 일반기업은 제품이나 서비스에 대한 불만이 있을 경우 어렵지 않게 클레임을 제기할 수 있다. 그러나 자신의 건강이나 생명을 책임지는 곳이라는 이유로 고객들은 병원과 가급적 좋은 관계를 맺고 싶어 한다. 고객이 더 고민하고 클레임 한다는 이야기다.

일반 기업에서 고객이 만족한다고 선물을 사서 감사 표시를 하는 일이 있는가? 병원에서는 흔한 이야기다. 내가 병원에서 받아본 선물 중 기억에 남는 선물은 식사 대접이었다. 환자가 원장과 직원에게 감사의 인사를 하고 싶다고 직접 15인분가량의 전 직원 점심식사를 준비한 것이다. 값비싼 소갈비와 입에 침부터 고이는 큼지막한 간장게장까지…

이렇듯 병원에서 근무하며 보람을 느끼는 때는 환자에게 진심어린 감사를 받을 때다.

그런 병원에서도 클레임은 발생한다. 우리가 유의해야 할 것은 위에서 언급한 대로 고객의 입장에서는 자신을 돌보아주는 곳이다 보니 문제제기 하는 것을 꺼린다는 점이다. 병원 근무자로서 미안한 일이다. 불만을 가진 환자 10명중 1명 정도만 불만고객으로 드러난다는 통계를 감안하면 불만고객이 많다는 것은 단지 매출이 줄어드는 경영 차원의 문제가 아니라 병원의 영속성을 담보할 수 있느냐 없느냐의 중대한 문제다.

불만고객의 클레임 내용을 보면 설명 등 사전고지가 부족해서 생기는 경우가 많다. 사전에 고객에게 알리면 '환자를 위한 주의사항'이 되지만 나중에 말하면 '변명을 위한 핑계'가 된다. 전화응대, 대기시간, 예약, 수납, 보험처리... 어느 하나 중요하지 않은 것이 없다. 병원에 방문한 때는 환자에게는 가장 민감한 시기다. 평소에는 무던한 사람도 아프거나 아픈 사람의 보호자일 때에는 예민해진다. 다행스러운 것은 병원의 노력에 따라 상당부분의 클레임은 예방이 가능하다는 점이다.

아프지 않은 사람과 환자의 시각과 다르다는 사실을 알게 된 일이 있다. 나는 몇 년 한 대학병원에 방문했다가 복도에 쓰여 있는 성경구절을 본 적이 있다. '병원에서 성경문구가 무슨 의미가 있을까'라는 생각이 들었는데 해당병원 관계자의 이야기로는 수술 전 환자에게 희망을 주는 매우 효과적인 방법이라고 했다. 이렇듯 일반인과 환자의 시각은 다르다.

그렇다면 불만고객을 줄이기 위한 대처 방법은 어떤 것이 있을까? 호텔업 종사자들은 손님을 위해 연극배우가 된다는 말을 들은 적이 있다. 이제는 병원종사자들도 같은 마음가짐을 가져야 한다. 환자의 입장에 서서 불만을 예측하고 그것을 줄이려는 노력이 필요하다.

나는 예치과에서 근무할 당시, '고객응대접점 100(MOT 100)'이라는 체크리스트를 만들어 일간, 주간, 월간 단위로 체크했다. 환자가 병원을 처음 찾는 인터넷 검색부터 전화응대, 간판의 청결상태, 주차안내, 데스크 응대, 대기실, 진단실, 진단과정, 원장 응대, 주의사항, 수납, 예약등 진료를 받는 환자의 입장에서 처음부터 마지막까지 각 접점을 관리하고자 만들었다. 당시에는 꽤 힘든 업무였지만 돌이켜 보면 각 접점마다 고객의 입장을 생각하는 훈련이 되었다.

최근에는 고객접점을 넘어 고객경험으로 수준이 높아지고 있다. 양에서 질로 질에서 품격으로 서비스가 발전하고 있다. 눈에 보이는 정도가 아니라 빛, 소리, 향기는 물론 바닥 광택의 정도까지도 관리되고 있는 병원도 있다. 잘되는 병원은 직원들의 수준도 월등히 높은 수준을 유지한다. 능력있는 직원의 존재 자체가 병원의 품격을 높이기 때문이다. 직원들을 훈련시키기 위한 자체 세미나는 물론, 교양강좌나 독서세미나, 경영세미나를 통해 환자의 진료를 보조하는 정도가 아닌 환자의 원츠(wants)를 전반적으로 파악하고 처리하는 능력을 갖춘 직원들을 만날 수 있다.

불만고객과 관련되어 놓쳐서는 안 될 것이 있다. 병원의 잘못이 있으면 빨리 사과해야 한다는 것이다. 빠른 사과 이후 후속조치를 진행해야 진심을 전할 수 있다. 클레임이 발생하면 원장이 책임감을 가지고 환자들에게 적극 응대하는 모습을 보이는 것도 잘되는 병원의 공통점이다. 클레임의 내용이 진료와 관계된 것일 경우에 원장이 아닌 상담실장이나 행정직원이 고객과 상담을 진행한다면 상황을 악화시킬 수도 있다. 그러므로 진료 진행이나 예약환자의 문제로 원장이 직접 응대하지 못하는 경우에는 환자에게 형편을 솔직하게 이야기하고 양해를 구하는 것이 오히려 현명한 방법이다.

병원에서 불만고객을 제대로 응대하지 못하는 원인 중 하나는 잘못을 쉽게 인정하지 않는 병원문화에 있다. 여기에 더해 시스템의 문제를 직원의 잘못으로 여기는 것은 직원들이 소진되는 요인이다. 원장에게도 문제가 발생할 수 있다는 것도 인정하는 분위기가 되어야 한다. 가끔씩 원장은 직원에게 맹목적인 충성을 요구할 때가 있는데 옳지 않음에도 옳다고 말하는 것은 아첨이다.

한번 실수한 환자에게 두 번 실수하는 것은 더욱 치명적이다. 두 번 실수 하지 않는 시스템과 내부 커뮤니케이션이 필요하다. 클레임 담당자를 별도로 지정하는 등 불만고객에 대한 구체적인 대응방안을 사전에 마련하는 것도 지혜로운 방법이다.

많은 직원들이 병원 업무가 힘들다고 말하지만 대부분의 환자는 병원의 정책에 가능하면 맞추려고 노력한다. 오히려 원장을 비롯한 병원 직원이 정확하게 설명하지 못해 생기는 오해들로 환자와 신뢰가 깨진다. 이벤트나 광고, 홍보를 진행할 때는 문구하나에도 오해의 소지가 없게 해야 한다.

임플란트 비용 50만원 지원 이벤트를 진행했을 때 환자가 임플란트를 50만원에 해주는 것 아니냐는 물음에 "환자분 입장에서는 그렇게 오해 할 수도 있겠네요."가 아니라 "아무도 그렇게 생각하지 않는데 왜 환자분만 그렇게 생각하세요?"라고 환자에게 말하는 것은 잘못된 응대다. 환자는 자신의 입장에서 말했을 뿐인데 창피를 당했으니 그런 직원과는 대화하지 않으려 할 것이다.

불만고객을 응대할 때마다 느끼는 점은 두 가지이다. 하나는 '어떻게 하면 환자에게 진심을 전할 수 있을까'라는 것이고, 하나는 '부족함에도 신뢰를 주신 고객에 대한 고마움'이다. 두 가지 사실을 기억하고 개선하고자 노력한다면 병원에 대한 불만고객은 줄어들고, 충성고객이 늘어나는 행복한 병원이 될 것이다.

고객의 불평이 들리면 원장은 외면하고 싶어 한다. 직원들은 어떻게든 일이 커지지 않게 하고 자신에게 잘못이 없다는 것에만 집중하고 싶어 한다. 그러나 성공하는 병원들은 클레임을 사람의 문제보다 시스템의 문제로 여긴다. 오히려 고객의 불평은 더 큰 잘못을 하지 않게 예방

해주는 고마운 일이고, 비용을 들이지 않는 모니터링이며 실시간 피드백이라 여긴다. 거듭 말하지만 불만을 드러낸 사람이 있다는 것은 똑같은 생각을 하는 사람이 수없이 더 있다는 사실을 의미한다. 불만고객을 외면하지 말고 감사하자.

병원도 '빈익빈 부익부' 현상을 겪는다

교통과 통신이 열악해 병원에 가고 의사를 보는 것만으로도 감사한 시절도 있었다. 지금은 어떤가? 병원이 동네마다 있다. 거기에 더해 궁금한 것은 인터넷을 통해 물어보고, 답변도 받을 수 있는 시대다. 그러다 보니 많은 정보가 거의 실시간으로 노출된다.

나는 매일 아침 PatientsLikeMe(나와 닮은 환자, www.patientslikeme.com)라는 웹사이트에서 보내는 E-mail을 받는다. 그날의 컨디션을 기록할 수 있는 메일인데 매우 좋음, 좋음, 보통, 나쁨, 매우 나쁨중 하나를 클릭하면 웹사이트에 접속해 기록을 남기게 된다. 그 이유도 기록할 수 있다. 웹사이트에서는 많은 사람들이 남긴 증상, 치료정보, 건강결과 등을 데이터로 변환하고 공유해 의료정보 빅데이터를 구축한다. 이를 통해 FDA(미국식품의약국) 및 제약회사와 연구기관까지 의료계의 많은 부분과 협력하여 영향을 미치고 있다.

이 웹사이트가 만들어진 배경은 독특하다. 창립자인 제이미 헤이우드가 자신의 형의 병ALS(근위축성 측색경화증)에 관한 정보를 찾다가 같은 병을 앓고 있던 사람들과 정보를 공유하기 위해 만든 사이트다. 2011년에는 모든 환자와 병에 관한 웹사이트로 업데이트되어 더 환자들에게 지식과 정보를 제공하고 있다.

예전에는 일부 의과대학 교수들만 독점할 수 있었던 환자의 임상정보가 이제는 인터넷을 통해서 공유된다. 그러다 보니 많은 다국적 제약회사들도 대학병원이 아닌 PatientsLikeMe와 신약계발을 진행하고 있다는 사실에 유의해야 한다.

우리나라에서도 다양한 인터넷 매체를 통해 환자들의 병원 이용사례가 공유되고 있다. 특히 지역 인터넷 카페에서는 환자들의 이용사례와 병원 평판을 공유하며 카페 회원들에게 병원이용에 관해 안내하고 있다. 좋은 정보를 제대로 전달할 때도 있지만 잘못된 지식이나 개인의 감정으로 인한 나쁜 정보가 제공 될 때도 있다. 진료영역별 전문카페를 개설해 진료 분야에 관한 정보를 공유하기도 한다. 이처럼 인터넷을 기반으로 한 온라인 영역에서는 다양한 형태로 환자의 경험과 병원의 이용사례들이 공유되고 있다.

그러나 인터넷이라는 곳의 특성상 우리가 아무리 노력해도 모든 정보를 다 알 수는 없다. 그러다 보니 온라인과 관련된 사항을 외면하고 싶은 원장의 마음도 이해가 간다. 온라인 고객은 아이쇼핑 고객이고, 인터넷 보고 온 고객은 노력해도 만족을 못한다며 온라인을 외면하려는 것이다. 그런 병원일수록 기본에 충실하지 못한 경우가 있다. 온라인만 외면하고 오프라인은 외면하지 않는다는 것은 현실적으로 불가능하다. 온라인의 한계는 인정하되 오프라인에서 기본에 충실하려는 노력을 게을리 하지 말아야 한다. 하지만 많은 병원들은 이러한 시대에 따른 변화보다는 기존의 답습을 선택한다.

소위 빅5안에 속하는 유명병원은 시각, 촉각, 후각, 청각을 이용해 전략적인 노력을 하는데 비해 아직도 많은 동네병원들은 정리정돈을 포함한 청소조차 제대로 하지 않는다. 그러나 작은 동네병원이어도 환자의 경험까지 관리하고자 노력하며, 이익이 늘지 않아도 진료를 위해서 과감히 투자하는 병원은 당연히 환자들의 사랑을 받는다. 그런 이유로 병원들의 빈익빈 부익부 현상은 가속되고 있다.

잘되는 병원은 진료 예약을 잡는 것이 어려울 만큼 잘되고, 안 되는 병원은 매달 고정비용을 걱정할 정도로 매출부진을 겪고 있다. 예전에는 주변지인이나 직접 방문하는 방법 이외에는 자신에게 맞는 좋은 병원을 찾기가 어려웠다. 이제 인터넷 검색만으로도 병원의 평판을 알 수 있는 시대가 되었다. 앞에서 언급한 대로 원장과 직원들은 알지도 못하는 병원의 감동사례나 불만사례들이 인터넷에 공유되고 있다.

관리의 어려움으로 홈페이지도 운영하지 않는 병원도 많다. 그러나 고객만족을 위해 병원정보를 제공하는 방법은 생각보다 어렵지 않다. 네이버나 다음, 구글 등 포털사이트에 병원 위치정보와 이용안내를 정확하게 제공하거나 건강보험공단이나 지역 온라인 카페 등에 병원을 소개하는 것도 조금만 관심을 기울이면 가능한 일이다. 주차를 돕기 위한 카카오 네비나 T맵등의 지도상에 병원을 등록하는 것도 꼭 챙겨야 할 부분이다. 이처럼 높은 비용과 시간을 들이지 않고도 효과적으로 병원을 알리는 방법은 많다.

GF 소아과 김우성 원장은 개원이후 의료경영을 공부하고 싶어 대학원에서 의료경영을 전공했다. 그 뒤 의료경영 포럼을 만들어 1차 의료경영에 관한 사항을 의사만이 아니라 병원 실무에 있는 사람들에게까지 지식을 나누어 주고 있다. 의료경영과 관련된 책을 저술하고 최근에는 '의경야학'이라는 교육프로그램까지 진행하며 자신이 배우고 경험한 의료경영지식을 알려주려 노력한다. 그의 병원은 당연히 부익부 병원이다.

대학병원에서도 빈익빈 부익부는 존재한다. 잘나가는 대학병원의 경우 미술품 전시 등의 품격 있는 이용환경은 기본이다. 호텔경영 전문가를 의과대학 교수로 초빙하여 일류호텔에서나 느낄 수 있던 서비스를 도입하고자 노력하는 대학병원도 있다.

스마트폰을 이용해 진료접수 및 진료비 결재도 가능한 기술을 도입하는 등 고객을 위해 노력하는 병원도 있다. 경기도 화성 동탄 신도시에 위치한 한림대학교부속 동탄병원은 도농복합도시에 위치해 고령의 부모님을 모시는 자녀가 많음을 감안해 사전에 등록된 자녀의 신용카드로 부모님의 진료비가 결제 가능한 스마트 시스템을 운영하고 있다. 진료비 결재 때문에 자녀들이 직장에 출근하지 못하고 부모님과 함께 방문해야 하는 불편함을 헤아린 것이다.

내가 고객자문단으로 활동하고 있는 병원이기도 한 이곳은 지역의 각계각층의 자문위원을 대상으로 분기마다 회의를 개최해 병원 이용에 관한 다양한 조언을 구한다. 자문위원 활동을 하면서 느낀 점은 1차 의료 기관에 비해 더 환자들의 의견을 듣고 정책에 반영하려 노력한다는 것이다. 회의를 통해 접수 프로세스가 바뀌고, 각종 편의시설의 안내판이 바뀌는 등 예전에 어렵고 불편한 대학병원을 이용했던 고객입장에서는 상상할 수 없는 일이 실제로 일어나고 있다. 평소에는 볼 수 없던 병원장이 직접 회의에 참석해 자문위원들의 의견을 경청하는 등 병원의 경영에 고객의 의견을 적극적으로 반영하려는 노력이 대단하다.

그에 비해 1차 병원의 운영은 아직도 주먹구구식이다. 프랜차이즈, 네트워크화 하는 것은 어느 정도 규모가 있을 때 효과가 발휘된다. 하지만 비영리법인 이외의 모든 의료인은 1곳의 병원만 경영이 가능하다는 의료법 33조로 인해 급여과 병·의원은 물론, 비급여 진료위주의 치과, 성형외과, 피부과 등의 네트워크병원은 이전에 비해 활동이 줄어든 상태이다.

결과적으로 우리의 의지와는 상관없이 시대를 이끄는 부익부 병원이 되느냐, 시대에 뒤쳐진 빈익빈 병원이 되느냐를 선택해야 한다. 원장과 병원이 많지 않고, 의료의 수요가 계속 증가하던 시대는 다시 오지 않는다. 경쟁으로 내몰린 현실에서 시장의 요구에 먼저 준비하고 반응하는 원장과 병원만이 성장하는 시대가 될 것이다. 그에 더해 정보통신과 교통의 발달은 의료계의 빈익빈 부익부를 심화시키는 촉매 역할을 할 것이다.

병원에도 브랜딩이 필요하다

의료분야는 특정 질환을 그곳에서만 해결할 수 있다는 것, 즉 특정 질환의 해결자체가 브랜딩이 되기도 한다. 대표적인 예로 간이식 분야가 있다. 간이식 분야에 있어서는 서울아산병원의 성과가 대단하다. 1988년부터 시행된 간이식 수술의 생존율이 97%(1년, 5년은 88.5%)라는 경이로운 기록을 보유하고 있다. 보다 역사가 긴 미국 병원의 평균 간이식 생존율을 능가하는 것이다. 건강한 사람의 간의 일부를 떼어내 옮기는 '생채 간이식 수술' 사례가 5,000건을 넘어 단일병원으로는 세계최고라는 점에서 자랑스럽기까지 하다. 특히 서울아산병원에서 독자 개발한 생체 간이식 수술법은 대다수 국가와 병원의 표준 치료 프로토콜로 자리 잡을 만큼 전 세계 의료계에서 인정받고 있다. 이에 따라 서울아산병원은 간이식 하면 생각나는 세계적인 브랜드가 되었다.

이런 모습은 원장이 의사이자 오너로서 궁극적으로 지향해야 할 방향이다. 그러나 안타깝게도 일반병원에서 진행되는 대부분의 진료는 객관적인 평가도 어렵고 성공률도 그다지 차이가 나지 않는다. 시간이 지나면 회복되는 증상인 감기와 같은 경우는 성공을 판정하기조차 어려운 케이스이다. 물론 건강보험 심사평가원이 제공하는 병원평가정보에 다양한 평가항목에 따른 병원 정보가 공개되기도 한다.

그러나 소멸성, 무형성을 갖는 의료서비스 특징으로 인해 상호 비교가 불가능한 상황이 있어 완전히 객관적인 평가는 불가능하다. 새로 생긴 병원의 경우엔 제공되어 있는 정보가 거의 없거나 미미하기 때문에 정보를 제공하는 공공기관에서도 업무의 한계가 존재한다. 그러므로 남들도 하는 진료만으로 브랜드를 만들기 보다는 남들이 하지 않는 서비스를 제공해 기억에 남는 브랜드로 만들어야 한다.

"명심하라. 브랜드의 핵심은 바로 의미다."

영국 버진 그룹의 리처드 브랜슨의 말이다. 사람을 낫게 해주는 진료에 무슨 의미가 있어야 하느냐고 반문할 수 있다. 그러나 의미를 두는 것은 우리가 아니고 고객이어야 한다. 브랜드를 만드는 것은 고객이기 때문이다. 그래서 고객을 돕기 위해서라도 병원은 목적, 즉 병원의 존재이유인 사명을 만들어야 한다. 이렇게까지 설명해도 병원의 존재 자체가 고귀해서 굳이 사명을 입에 담는 것조차 불경스럽게 여기는 사람도 있다. 나도 병원 근무자로서 이러한 의견에 일정부분 동의한다. 생명을 살리고, 병을 고치는 일보다 위대한 일이 얼마나 될까?

그러나 브랜딩의 최종목표는 무엇일까? 바로 소비자의 선택이다. 소비자에게 어떤 의미를 주는지가 그 브랜드의 영향력을 좌우한다. 재차 말하지만 브랜드의 목표는 우리의 의미가 아니라 소비자의 의미이다. 앞에서 설명한 대로 진료가 아닌 서비스를 제공하는 것에도 의미를 줄 수 있다는 점은 대다수 병원의 입장에선 다행스러운 일이다. 매우 어렵거나 실현 불가능한 진료가 아닌 노력 여하에 따라 제공이 가능한 서비스로도 브랜딩이 가능하다는 의미이기 때문이다.

내가 일했던 치과에서 처음 원장을 만났을 때였다. 이미 임대계약을 마친 원장에게 높은 임대료로 소문이 난 빌딩상가에 개원한 이유를 물어보았다. 치과는 수원시 영통구청 앞이며, 삼성전자 본사의 주 이용로인 중앙문에 위치하고 있어 삼성전자 직원들의 접근도 용이하다. 주변에는 아파트를 포함한 1만 세대의 주거지도 있다. 이런 지리적 이점에도 불구하고 수많은 치과의사들의 개업을 망설이게 한 것은 바로 높은 임대료였다. 나는 그런 사정을 잘 알고 있었기에 무슨 이유로 지금의 위치에 높은 임대료를 지불하면서까지 치과를 개원하려고 하는지 궁금했다.

원장은 지금의 치과 위치가 배후세대도 있고 수원 삼성전자 본사에서 가깝다는 것도 중요했지만 동시주차가 250대 이상 가능하다는 점이 개원지를 선택하는데 결정적인 이유였다고 말했다. 원장은 이전에 봉직의 근무를 할 때 고객들이 병원을 이용함에 있어서 주차의 문제로 어려움을 겪는 모습을 보고 안타까웠다고 한다. 그래서 자신이 원장이 되면 그 문제를 반드시 해결하겠다는 마음을 먹었다고 했다. 나는 이 이야기를 입사하는 직원들마다 들려주었다.

그 치과는 수원에서 주차가 편리한 치과로 브랜딩 되기 위해 다양한 노력을 하였다. 이용객이 주차로 인한 불편을 겪지 않게 다양한 차원에서 배려했다. 일례로 기본으로 제공하는 주차시간은 1시간 30분이지만 초과 주차비용도 병원에서 제공했다. 개원 초에 기본 주차시간보다 진료시간이 길어 불편했다는 몇몇 환자의 클레임을 반영해 이후에는 아예 접수데스크 위에 안내판과 주차권을 두고 이용시간만큼 주차권을 가져갈 수 있는 시스템으로 변경했다. 또한 주차가 필요한 직원의 경우에는 월 정기주차를 제공했다. 내부고객인 직원에게 인색한 경영자가 되지는 않겠다는 원장의 의지가 반영된 것이다.

내가 일했던 김기록치과는 '행복한 기록'이라는 미션으로 운영되고 있다. 고객에게 행복한 기록으로 인식되기 위한 다양한 정책과 서비스를 제공한다. 개원초기에 고객경험을 업그레이드를 위해 6개월간 외부 컨설팅을 진행하기도 했다.

직원이 행복해야 환자가 행복하다는 원장의 철학을 실천하고자 병원이 개원 2년 2개월만에 모든 정규직 직원들은 주 4.5일 근무제를 시행하였다. 외부에서 강연활동과 직원 코칭을 진행하고 있는 우수인력을 총괄실장으로 영입해 직원들의 실력 향상에도 공을 들였다. 나도 원장의 적극적인 지원 덕분에 병원경영 컨설팅, 코칭, 양도양수, 공인중개사 사업을 할 수 있었다.

또한, 재직시에 매탄3동 복지협의체에 참여해 치과진료를 통한 재능기부를 하는 등 주변 지역사람들의 행복한 기록을 만들기 위한 활동에도 적극 참여했다. 이러한 노력으로 개원 2년 만에 평균 치과의원의 3배를 상회하는 매출과 함께 고객들의 좋은 평판으로 김기록치과 브랜딩을 만들었다.

이렇듯 소규모 병원에서의 브랜딩의 과정은 실제 원장의 의지를 정확히 파악해 실행 가능한 것들을 지속적으로 실천하는 것이라 할 수 있다. 높은 임대료를 지불해서라도 주차를 통해 고객들의 병원 이용을 행복한 기록으로 만들고 싶다는 것이 고객입장에서의 첫 번째 의미였다면, 기존 월급은 그대로 유지하되 근무일수를 주 4.5일로 줄인 것은 직원입장에서의 두 번째 의미였다. 방문고객에게 제공하는 칫솔에 "3개월 사용 후 칫솔을 갖고 내원하시면 칫솔질 사용 습관을 알려 드립니다."라는 문구를 넣어 고객들에게 자신에 맞는 TBI를 알려준 것은 우리 치과의 방문고객은 누구라도 칫솔질에서도 행복한 기록으로 만들어 주겠다는 세 번째 의미였다.

이러한 병원 브랜딩은 단번에 만들어 지는 것이 아니다. 쉽지 않은 일이기에 원장의 철학과 의지가 반영되지 않은 브랜딩은 방향성을 잃고 표류할 가능성이 매우 높다. 병원 브랜딩에 대한 조언이 필요하다면 나에게 연락해도 좋다. 성심성의껏 조언해 줄 것이다.

브랜딩은 한 번 정립해 놓는 것으로 끝나는 것이 아니다. 정기적으로 살펴보아야 한다. 브랜딩은 완료형이 아닌 현재 진행형이기 때문이다. 그래서 원장을 포함한 직원 모두가 병원 브랜딩에 관심을 갖기를 바란다.

PART 02

진료만 잘해서
성공하는 시대는
지나갔다

진료만 잘해서 성공하는 시대는 지나갔다
초진환자를 늘려라
원장이 인사만 잘해도 병원은 성공한다
환자와 소통하라
충성고객부터 확보하라
불량고객과 불만고객을 구분하라
고객의 니즈를 넘어선 원츠를 찾아라

성공하는 병원의 7가지 비밀

SECRET

진료만 잘해서
성공하는 시대는 지나갔다

의사들에게 아주 좋은 시절이 있었다. 개원만 하면 환자들이 물밀듯 밀려오고, 누구도 진료에 대해서 문제제기 하지 않았으며, 가정·직장·사회에서 존경받고 대우받던 시대 말이다. 은행에서는 한도 없이 대출해 주겠다고 지점장이 직접 병원으로 찾아오고, 지역사회 어디에 가든 저명인사로 활동할 수 있었던 시대···. 그럼 언제부터 의사들이 이렇게 어려워졌을까?

우선 우리나라 의료제도가 도입된 시기부터 살펴볼 필요가 있다. 우리나라에 의료제도가 도입된 것은 일제강점기다. 그러다 보니 정책의 기본방향이 한반도에 거주하는 식민지 사람들을 보호해 주고 있다는 명분이 중요했다. 병을 고쳐 주어야 하는 것이 당시 정책의 방향이었다. 그러다 보니 의사의 생존권을 지켜주기 위한 방편으로 보건의료 인력수급을 이용했다. 쉽게 이야기 하면 의사를 양성하는 의과대학, 치과대학, 한의학대학의 입학정원을 제한 한 것이다. 초기에는 아예 한국인 학생을 뽑지도 않았다.

국가 의료보건 정책은 한국전쟁, 군사정권으로 어수선했다. 1970년대 중반 이후에야 인구증가와 더불어 국가경제도 발전하니, 그에 따른 의료 수요로 의사를 양성하기 위한 대학이 늘어나기 시작했다. 그러나 의사가 되기 위한 과정은 최소 6년 이라는 긴 시간이 필요하다. 그래서 1990년대까지는 공급이 수요를 따라가지 못하는 병원 준독점 시대였다. 내가 어렸을 때인 1980~1990년대에는 이용했던 병원의 이름을 일일이 기억할 정도로 병원의 수가 적었다. 그러다 2000년대 들어서면서부터 병원의 숫자가 폭발적으로 늘어나자 이전과는 다른 상황으로 바뀌었다. 준독점의 시대가 끝난 것이다. 최근에는 인터넷의 영향으로 일반인들이 의료정보나 임상정보, 환자커뮤니티를 통한 병원 정보를 쉽고 다양하게 접할 수 있게되어 정보의 비대칭이 줄어든 것도 개원의 입장에서는 경영이 어려운 요인이다.

1980년대 이후 의과대학(치과, 한의과 포함)에는 우리나라 최고의 수재들이 모여들어 그야말로 의학발전의 전성기를 이어오고 있다. 의과대학의 커리큘럼이 안정적으로 정착된 우리 의료계의 진료수준은 상향평준화 되었다고 보아도 큰 무리는 아닐 것이다.

의사들은 그야말로 청춘을 바쳐 공부했고 그렇기 때문에 주위 사람들에게 칭찬과 격려만 받아 왔다. 그런데 갑자기 고객에게 먼저 인사하고, 설령 고객이 틀린 말을 하더라도 이해하고 진심을 다해 이야기를 들어주어야 한다니, 받아들이기 쉽지 않을 것이다.
　많은 원장은 환자를 진료할 대상으로만 바라본다. 의사라는 직업의 기능적인 역할로만 본다면 맞는 말이다. 하지만 의사는 사람을 고치는 일을 한다. 그래서 환자(患者)를 볼 때 患이 아닌 者를 먼저 봐야 한다. 아픈 사람의 주체는 아픔이 아니라 사람이기 때문이다. 내가 사업을 하고 이 책을 쓰는 이유도 이 바람에서 출발했다.
　의사들에게 통용되는 용어중 '매니지'라는 표현이 있다. 영어의 'management'를 줄인 것으로, 일반적으로 진료 외의 다른 업무를 포괄한 것을 말한다. 어떤 의사들은 원장이 진료만 잘하면 되지 무슨 경영이고 매니지라며 화를 내기도 한다.
　내가 얼마전 피부과에 진료를 받으러 갔을 때의 일이다. 의사는 진료를 마치고 "일주일 뒤에 오세요."라고 했다. 이런 말보다는 "환자분이 오늘 하신 검사는 조직검사입니다. 검사결과가 나오는데 일주일 정도 걸리니 그때 오시면 검사결과를 알려 드리겠습니다. 그동안은 제가 환자 상태에 가장 적합하다고 생각되는 약을 처방해 드릴 테니 시간 준수해서 드시고, 함께 드리는 연고는 질환부위에 바르시면 됩니다."라고 이야기했다면 내가 받아들이는 느낌은 달랐을 것이다. 내 상태를 원장이 정확히 알고 있다는 확신과 함께 원장이 열심히 치료를 해주니 나도 열심히 원장의 처방에 따라서 병을 낫겠다는 결심이 생겼을 것이다.

내가 만나는 원장들에게 '병원업은 사람업'이라는 말을 자주 한다. 좋은 시설과 첨단장비를 구비해 놓아도 결국 환자를 대하는 것은 사람이다. 특히 '원장'에 대한 신뢰가 진료에 있어서는 절대적이다. 신뢰를 쌓기 위해서는 환자의 환경이나 형편까지도 고려해야 한다. 원장이 세운 치료계획에만 초점을 맞추어 진료하다 보면 환자들은 신뢰를 갖지 못한다.

내가 처음 근무했던 치과에서 장인의 틀니치료를 진행한 일이 있었다. 당시 원장은 대중교통으로 편도 3시간정도 걸리는 처갓집과 병원의 거리는 고려하지 않고 진료를 진행했다. 일주일에 두세 번씩 치과를 방문하던 고령의 장인은 진료가 시작되고 2주가량 지나자 지치기 시작했고, 결국 몸살로 한동안 병원에 입원했다. 내가 원장에게 장인의 형편을 설명했다. 그제야 원장이 일정을 조정하고 내원횟수를 줄여서 진료를 잘 마칠 수 있었다.

그에 반해 10여 년이 지난 후에 이번에는 장모님이 임플란트 치료를 하였는데 그곳의 원장은 사전에 집과 병원의 거리를 고려해 수술 후 소독 등의 간단한 진료는 처갓집 근처에 있는 같은 대학 동문의 치과에서 받을 수 있게 배려해 드렸다. 장모님은 처음에 예상했던 것보다 방문횟수가 적어지자 매우 만족했다. 병원에 올때마다 원장과 병원 직원들을 주겠다며 농사지으신 곡식과 과일 등을 챙겨오셨다.

고령화시대에 원장의 환자 관리능력은 더욱 중요하다. 정기적으로 처방받는 고혈압 환자에게 원장이 직접 혈압을 체크하기도 하고, 당뇨병이나 독감 예방이 필요한 때에는 이에 따른 적절한 질문으로 환자의 컨디션을 점검하는 것도 필요하다. 환자에게 필요한 검사나 처방이 있다면 확인 즉시 처리해 주고, 예약을 잡아주는 것도 좋은 방법이다. 이럴 경우 환자들은 원장에게 특별한 친근감과 고마움을 느끼게 될 것이다.

경영이 안 되는 병원은 환자가 없는 것이 아니고 원장의 마음, 환자를 위한 진심이 없는 것이다. 기대했던 것 이상으로 도움을 받는 것을 싫어하는 사람은 없다. 특히 병원이 고객과의 관계에 있어서 유리한 점은 원장은 환자정보를 공식적으로 사용 할 수 있는 엄청난 권리가 있다는 것이다. 바로 환자의 과거 의료정보를 포함한 다양한 정보이다. 이전에 있었던 병력들에 대한 질문을 하거나 질병의 재발 여부 등을 확인하고, 가족의 안부를 묻는 것만으로도 많은 환자는 감동한다. 의사와 환자의 치료성공 기준은 다르다. 의학적 전문지식으로만 본다면 원장이 맞겠지만, 다른 한편으로는 환자의 입장까지 배려한 진료가 진정한 성공진료가 되지 않을까 생각해 본다.

인터넷의 발달로 많은 다양한 의료, 의학정보가 넘치는 시대지만 진정성 있는 원장의 진료보다 더 감동적인 전략이나 마케팅은 없다. 원장이 환자를 치료할 대상으로만 보는 것이 아니라 함께 질환을 해결하고, 건강한 삶을 추구하는 동반자로 대할 때 환자는 원장을 신뢰할 것이다. 이런 원장들은 의사로서 직무만족도가 높다. 게다가 고객의 로열티로 인해 안정적인 병원경영을 할 수 있다.

초진환자를
늘려라

모든 원장의 희망사항은 신환이 많은 것이다. 원장들은 일간, 월간 신환을 병원이 잘되는 기준으로 삼기도 한다. 의료라는 사업은 본질상 환자 없이는 서비스가 만들어질 수 없다. 그러므로 환자는 제품을 생산하기 위한 필수재료와도 같은 존재다. 그래서 처음 개원하는 원장은 초진환자를 늘리기 위해 많은 노력을 한다. 가까운 선배에게 조언을 구하기도 하고, 자기 나름의 깊은 고민도 한다. 특히 개원초기 신환이 없는 상황이 되면 병원은 환자 없이는 아무것도 할 수 없음을 깨닫기도 한다.

그런데 초진환자가 많이 온다는 것은 좋은 일이기는 하지만 다른 한편으로는 우리병원을 평가할 평가자들이 많이 온다는 뜻이다. 초진환자는 만족 여부에 따라 병원의 충성고객이 될 수도, 불만고객이 될 수도 있다. 내 생각에 병원의 경영상태가 나빠지는 것은 신환의 많고 적음보다 병원이 환자를 만족시키지 못해서, 그리고 소개신환을 계속 창출할 수 없기 때문이다.

거기에 더해 간과하고 있는 것이 '많이'의 의미이다. 많은 원장들은 '환자가 많기만 한 것이 병원의 매출이나 경영에 도움이 되는 것인가'라는 근본적인 질문에 답하지 못한다. 그래서 먼저 우리 병원의 주 진료과목을 정리해 보는 것이 중요하다. 치과의 경우 임플란트, 교정, 보철, 스케일링, 보험진료로 진료를 구분하는 것이다. 병원의 이용연령을 분석하는 것도 중요하다. 소아과의 경우 차후 환자 유입을 예측할 수 있는 근거가 되기도 하고 자신의 병원경영전략에 부합되는 연령대가 방문하는지 확인할 수 있다. 내과, 가정의학과의 경우 만성질환 환자의 고객생애가치가 높기 때문에 특정 질환 환자가 병원 경영상 큰 도움을 줄 수 있다.

현재 우리 병원의 매출 목표를 정하는 것도 목표 신환수를 정하는 기준이 될 수 있다. 일일 환자 수와 일일 신환 수를 비교해 보면 원장이 적정한 수의 환자를 진료하고 있는지를 알 수 있다. 병원의 규모를 키우거나 줄이고자 검토할 때, 기초 통계자료로 활용할 수도 있다.

신환의 소개환자 비율에 따라 고객만족도와 더불어 진료동의율 예측도 가능하다. 소개나 소문 등 우리병원을 특정해서 방문한 환자와 지나가다 방문한 불특정 환자의 객 단가와 진료동의율은 매우 큰 차이를 가지기 때문이다. 이처럼 병원마다 매출의 증가와 효율을 높이고자 하는 '많이'라는 의미는 상황에 따라 다를 수 있다.

그래서 모든 원장은 아래의 질문에 답을 갖고 있어야 한다.

1. 한 달, 1년의 매출 목표액은 있는가?
2. 내가 생각하는 많은 것의 기준은 무엇인가?
3. 조건과 맞지 않는 많은 환자는 우리 병원에 어떤 의미이며 어떻게 대할 것인가?
4. 하루에 몇 명의 신환을 진료하는가? 목표는 몇 명인가?
5. 방문경로는 불특정인가? 특정(소개, 입소문)인가?
6. 현재 진료 환자수와 희망 환자 수는 있는가?
7. 나는 어떤 경로에 중점을 두고 있는가?

얼마나 많은 환자가 우리병원을 이용할 수 있을지는 우리병원의 상권분석을 해보는 것도 좋은 방법이다. '소상공인 상권정보 서비스'를 추천한다. 소상공인시장진흥공단(http://sg.sbiz.or.kr)에서 제공하는 상권정보 시스템으로, 상권에 대한 구체적인 정보가 제공되어 사용이 편리하다. 특히 지방자치단체 정보와 연계되어 업데이트가 잘되는 곳이다. 다만, 이용시 회원가입이 필수인데 우리 병원 주변의 상권정보를 정기적으로 확인할 필요성도 있으니 회원으로 가입해 이용해 보길 추천한다. 이 서비스를 이용하면 내가 원하는 지역의 범위를 설정해 상권유형, 가구 수, 인구수, 상가와 업소 수까지 확인이 가능하다. 6개월마다 2년간 업종의 개수가 기록되어 있어 향후 업종 추이도 확인할 수 있다. 특히 선택업종의 월 단위 평균매출과 이용건수(카드사 가맹점 매출통계를 기반으로 추정된 정보)에 관한 정보도 있어 상권범위내의 동일업종 매출정보도 얻을 수 있다. 이러한 상권분석을 기초로 내가 생각했던 경영전략이 지금의 상권상황과 부합하는지도 확인할 수 있고, 때에 따라선 상권에 맞게 수정할 수도 있다.

많은 원장은 개원을 준비하면서 개원지를 선택하기 위해 고민한다. 하지만 실제로는 어느 위치에 경영하느냐보다는 그 지역에서 어떻게 경영하느냐가 훨씬 중요한 사항이다. 다만, 개원을 준비하고 있는 예비원장이 크게 실수하는 것을 방지하고자 좋은 상가를 고르는 4가지 항목을 소개한다.

첫째, 고객의 접근이 용이한가?

지하철, 버스정류장등의 교통수단이나 4거리 코너, 횡단보도의 위치 등도 고객의 접근이 용이한 곳인지를 판단하는 기준이 된다. 대형마트 내에 있는 병원이나 멀티플렉스등 대형위락시설 내에 위치한 병원들도 고객의 접근이 용이하다는 장점이 있는 곳이다. 요즘에는 상업지역이나 주거지역이외에도 병원간의 경쟁을 피하거나 특색 있는 개원을 하고 싶어 공업지역(공단 내)이나 녹지지역에 개원을 하는 사례도 있다.

둘째, 병원을 찾기가 용이한가?

네이버지도의 거리뷰 서비스와 다음지도의 로드뷰 서비스를 이용하면 현장에 가지 않아도 현장의 모습을 확인 할 수 있다. 다만, 촬영시기(화면 왼쪽 상단에 촬영일 기재)가 수년 전일 수 있으니 현재 모습과의 차이를 염두에 두어야 한다. 현장 방문을 할 경우에는 사전에 이용자들의 예측동선을 파악해 미리 살펴보는 것도 좋은 방법이다. 또 현재 위치를 고객의 입장에서 보기가 어렵다면 병원의 위치를 고객에게 알리는 것이 개선 가능한 것인지의 유무도 확인할 필요가 있다. 간판의 위치를 바꾼 것만으로도 많은 신환창출로 연결된 사례도 있다.

셋째, 지역 및 상가가 장래에 발전가능성이 있는지?

주로 신도시의 개원을 염두에 둔 원장들이 높게 평가하는 항목이다. 가격이 높은 개원지의 공통적인 장점이지만 일정기간 임대로 개원을 생각하는 경우라면 발전가능성에만 비중을 두기보다는 실제 개원시 접근 가능한 인구(세대)를 따져보는 것이 우선이다. 미래를 기다리다가 현재의 운영을 감당하지 못하는 경우도 보았다.

지역이나 상가에 관한 또 하나의 중요한 사항은 개원 이후 상권자체가 사라지는 것에 관심을 두는 것이다. 현재는 좋은 자리지만 시간이 지남에 따라 상권이 쇠퇴하는 곳은 피해야 한다. 상권자체가 사라지는 경우도 있다.

넷째, 차후 이전 시 양도가 가능한 곳인가?

요즘은 한 지역에서 10년 이상 머무는 경우가 드물다. 직업도 자주 바뀌고, 재개발 사업이나, 신도시도 계속 생기기 때문이다. 개원 이후 장기적인 스케줄을 대략적으로라도 계획하는 것이 좋다.

이와 같은 4가지 항목 중 병원의 계획과 자신의 성향을 고려하여 각 항목의 가중치를 부여하면 좀 더 자신에게 맞는 개원지를 찾을 수 있을 것이다.

많은 원장들이 개원지를 선택할 때 주변 사람들의 이야기를 참고한다. 그보다 우선되어야 할 것이 어떤 병원을 만들어 어떻게 경영할 것인지 생각해 보는 것이다.

나는 개원 초기 신규개업의 영향으로 오는 환자들에 대한 준비에 높은 관심을 가져야 한다고 생각한다. 병원은 몰라서 안 가는 곳이 아니라 알기 때문에 가지 않는 곳이다. 그래서 개원 전 인큐베이팅을 진행하여 실제 환자에게 진료하는 것처럼 리허설을 하는 것도 좋은 방법이다.

자리만 옮기면 신환이 계속 올 수 있다는 생각은 위험한 생각이다. 과거처럼 주변에 병원이 없는 개원지를 찾기가 어려워졌고, 앞으로는 더욱 어려워질 것이다. 게다가 지금은 자리가 좋아 개원에 성공했다는 소문이 나면 주변에 바로 경쟁병원이 생긴다. 초진환자라고 다 같은 초진환자가 아니다. 우리의 목표는 소개 받고 온, 소문 듣고 온 초진환자이다.

원장이 인사만 잘해도 병원은 성공한다

원장들은 학창시절 대부분 수재였다. 그래서 부모님과 선생님으로부터 인정과 칭찬을 받으며 살았다. 무엇이든 서열화 시키는 우리나라에서 항상 1등을 해 온 원장에게 대부분의 사람들은 존경심을 보였을 것이다. 이렇게 존경받는 사람이 먼저 인사를 해주면 싫어할 사람이 있을까? 그런 원장은 분명히 매력적이다. 인사는 성공하고자 하는 원장이 갖추어야 할 필수 덕목이다. 고객들은 원장의 인사로 병원을 평가하기도 한다.

먼저 원장은 직원들에게 인사를 잘해야 한다. 아침 출근 때 자신의 심기를 알아달라는 듯 인사를 잘 안하는 원장이 있다. 그런 병원은 모든 직원이 원장의 심기에 관심을 기울인다. 내가 몇 년 전 근무하던 병원에서는 직원들끼리 아침 인사가 "원장님 어때?"였다. 원장의 아침 인사로 하루 병원분위기가 결정되는 것이다. 그러다 보니 환자보다 원장의 심기에 더 집중하고, 그에 따른 스트레스로 인해 직원들의 업무만족도도 낮았다.

또한 원장은 직원이 잘 한 일이 있으면 구체적으로 감사 인사를 해야 한다. 돈을 주고 사도 아깝지 않은 동기부여이기 때문이다. 원장이 인사를 잘 안하면 직원들도 인사를 안 한다. 그런 병원에선 직원 하나가 인사를 잘하면 다른 직원들은 눈치 없이 나선다고 미워하기도 한다. 그래서 원장부터 인사의 모범이 되어야 하는 것이다.

원장은 환자와 처음 대면할 때 자기소개와 함께 반드시 눈을 맞춰야 한다. 이후에는 상대에 따라 적절한 인사말을 주고받는 것이 좋다. 소아환자를 진료할 때는 부모님 앞에서 아이의 이름을 불러주고 함께 잘 진료해보자고 하는 것도 좋다. 사업을 하는 사람이나 직장인에게는 명함을 주는 것도 좋은 방법이다. 중요한 것은 상대방이 좋아하고 편안하게 느끼는 방법으로 인사하는 것이다.

근무를 하다 보면 진료와는 상관없이 환자대기실이나 복도에서 고객과 마주치는 경우도 있는데 이럴 때는 내 환자가 아니라고 그냥 지나칠 것이 아니라 우리 병원의 고객이기 때문에 가볍게 목례를 하는 것이 좋다. 그러한 행동에서 환자들은 원장의 인품을 보게 된다.

병원주변이나 같은 건물 사람들에게도 인사는 중요하다. 건물 관리인이나 청소, 주차를 도와주는 분들은 병원의 소중한 고객이다. 어디에서 근무하든 건물에 관련된 분들에게는 더 인사를 잘해야 한다. 고객들이 그들에게 우리병원의 평판을 묻는 경우가 많기 때문이다. 병원마다 상황이 조금 다를 수는 있겠으나 아직도 많은 병원의 신환이 지나가다 간판을 보고 방문한다. 그럴 경우 청소하시는 분이나 주차 관리 하시는 분에게 병원의 평판을 묻기 때문이다.

예전에 근무했던 병원에서는 아예 특별보호직업 고객을 따로 정했다. 특별보호직업 고객이란, 병원 인근 지역에서 활동하면서 사람을 많이 만나는 직업을 가진 고객을 말한다. 보통 우체부, 택배기사, 지역 상점 주인들로, 이들을 통해 많은 신환이 유입됨은 물론, 병원 주변에 좋은 입소문을 내 주니 고마울 수밖에 없다.

나는 병원 업무를 하다 보니 다른 병원에 방문했을 때 인사는 잘하는지, 근무하는 사람들은 어떤지 살펴보는 버릇이 있다. 그런데 가끔씩 실망스러울 때가 있다. 병원은 복장과 자세가 신뢰의 기본인데 같은 업종에서 일하는 사람으로서 기본을 지키지 못하는 모습을 보면 안타깝다. 나도 부족하기에 실수 할 수 있지만 다시는 보고 싶지 않은 모습이라 구체적으로 지적해 보겠다.

- 가운 혹은 근무복은 깨끗한가?
- 명찰은 통일 된 바른 위치에 착용하고 있는가?
- 보이는 양말이 너무 튀지는 않는가?

- 머리는 단정하게 빗었거나 묶었는가?
- 손톱은 짧게 자르거나 적절하게 관리되었는가?
- 수염이나 코털은 정리가 되었는가?
- 구두는 깨끗이 닦아 신었는가?
- 스타킹의 올이 나가지는 않았는가?
- 앉아 있을 때 다리를 떨지는 않는가?
- 등을 구부정하게 하고 앉지는 않는가?

인사에는 상대에 대한 공경의 의미도 포함하고 있는 것인데 복장과 자세가 불량하면 인사를 하기도 전에 상대에게 불쾌감을 줄 수 있다. 어떤 원장은 가운을 세탁하는 것에 인색한 경우가 있는데 가운의 상태는 고객과의 만남에서 첫인상을 결정하므로 항상 여유 있게 준비하는 것이 좋다. 원장이 근무복에 흰 양말을 신는다거나 직원들이 캐릭터 양말을 신는 것도 진료의 방해요소다. 병원 직원들이 너무 화려한 네일 아트를 하거나 손톱이 길어 불쾌감을 주는 경우도 있다. 나의 경우 알고 지내던 병원의 남자실장은 코털이 정리가 되지 않아 대화할 때마다 불편했다. 남자들은 면도할 때 턱 밑에 길게 자란 수염이 없는지 확인해야 한다. 구두가 더럽거나 구겨 신어도 준비가 안 된 모습으로 보이며 여성의 경우 올이 나간 스타킹을 신고 있으면 시선이 그쪽으로 향하게 된다. 고객이 환자대기실에 앉아 있을 때 직원들이 앉아서 다리를 떨거나 구부정하게 앉아 있는 것도 환자에게 산만함과 불안감을 주기에는 충분하다. 내부 직원들끼리 서로를 살펴 기본적인 복장과 태도만 잘 지켜도 고객에게 신뢰를 얻을 수 있다. 병원에서 품격을 높이자는 이야기를 자주 하는데 품격이란 이런 기본을 지키는 것에서 시작된다.

인사의 중요함을 이야기 하다 자연스럽게 기본적인 복장과 태도까지 평소의 생각을 말하게 되었다. 중요한 것은 고객들에게 준비된 모습과 인사를 통해 병원이 평가받고 있다는 것을 기억해야 한다는 점이다. 좋은 평가에 더해 친밀한 인사를 통해 서로 가까워지면 고객과 관계 맺기도 쉬워지고 그러면 진료에 대한 만족도 자연스럽게 높아진다.

좋은 분위기를 위해 아침 조회를 마친 후에 병원 고유의 구호를 외치는 것도 좋은 방법이다. 내가 지금 근무하고 있는 병원의 경우 예전에는 아침 조회를 마치고 특별한 행동 없이 근무에 임했으나 지금은 "김치", "행쑈!"라는 구호로 하루를 시작한다. 공모를 통해 정해진 구호로, '김기록치과'의 약자인 '김치'와 '행복하십시오'의 약자인 '행쑈'다. 이렇게 구호를 정하고 아침마다 외치다 보니 업무 이야기 등으로 무거워진 분위기도 밝아진다.

인사는 경쟁력과 직결된다. 진료를 마쳤을 때 환자에게 진료를 받느라 고생했다는 말 한마디는 큰 힘이 된다. 데스크에서 예약을 잡을 때도 단순히 "예약이 되었습니다."라는 말보다 눈을 맞추고, "16일인 다음 주 월요일 오전 10시에 뵙겠습니다."라고 하면 환자는 그날 꼭 다시 와야 하는 것을 알림과 동시에 친밀한 인사가 될 수 있다.

건물에 엘리베이터가 있는 경우 엘리베이터까지 배웅해 주면 환자의 입장에서는 감동을 받는다. 내가 예전에 근무했던 예치과에서는 신환 예약을 한 고객을 건물 입구 엘리베이터 앞에서 기다리다 맞이하기도 했다. 이러한 배려에 고객은 기분 좋은 감동을 받아 첫 방문으로 인한 긴장을 완화할 수 있다.

인사는 자주 하는 것이기 때문에 가볍게 여기는 경향이 있다. 깊이 생각해 보면 진심 어린 인사만큼 저비용 고효율의 마케팅도 없다. 그러므로 원장실과 직원 라커룸에 커다란 거울을 설치하고, 환자를 맞이하기 전에 옷매무새를 점검하고, 머리 모양이나 표정을 살피는 등 세심한 관심과 노력을 기울인다면 분명 친절한 병원으로 온 동네에 소문이 날 것이다.

환자와
소통하라

•
,

　당신은 환자와 어떻게 소통하는가?

　원장은 바쁘다. 병원에서 근무하는 나도 어떤 날은 가득 찬 진료 스케줄로 원장의 얼굴 한번 보기 힘들다. 초진 상담을 위해 10분을 만드는 것이 불가능해 결국 다른 시간으로 상담예약을 옮긴 적도 있다.

　환자들도 원장과 소통하고 싶어 한다. 그래서 고객들이 만족하는 원장의 1순위는 자신의 이야기를 잘 들어 주는 원장이다. 문제는 원장에게 시간이 없다. 그래서 원장은 시간을 2~3배로 사용할 수 있는 방법을 찾아야 한다.

　시간 활용 방법에는 어떤 것이 있을까? 우선, 많은 환자들이 공통적으로 궁금해할 내용을 사전에 제공하는 방법이 있다. 게시물, 브로슈어, 이용안내 책자, 대기실 모니터 등을 이용하면 환자가 원할 만한 정보를 제공 할 수 있다.

얼마 전 감기로 집 근처 내과를 방문했다. 진료시간 전에 방문해 대기실에서 기다리고 있는데 대기실 벽면 여기저기에 안내사항이 붙어 있었다. 그런데 A4용지에 프린트한 안내문이 붙인 지 오래됐는지 색이 바랬고, 위치도 들쭉날쭉해 보기에 불편했다. 조금만 관리하면 더 잘 전달 될 텐데 말이다.

자주 제공해야 하는 정보들은 브로슈어 형태로 만들어 적절한 때에 환자에게 권하는 것이 좋다. 신환안내 브로슈어나 내시경 검사안내 브로슈어가 이에 해당한다. 진료일정 변경이나 병원 내부 알림은 별도의 게시판 공간을 만들어 놓고 그곳에 공지하는 것도 좋다. 알림판이나 게시판이라고 이름을 붙이면 고객들이 자신에게 필요한 사항들을 찾아 볼 것이다.

요즘에는 인쇄활자보다 영상을 좋아하는 환자들도 많으므로 대기실 모니터에 동영상을 틀어 놓는 것도 좋은 방법이다. 내가 근무하는 병원에서도 병원 안내 동영상을 만들어 환자대기실에 틀어 놓는다. 환자를 위한 편의시설 이용이나 주차안내, 각 진료별 프로세스 등을 연속재생으로 틀어 놓아 관리에도 큰 어려움이 없다. 병원을 여러 번 방문한 환자라도 대부분 대기하면서 관심 있게 본다.

병원은 환자들이 자주 질문하는 내용을 알고 있다. 환자를 돕는다는 마음으로 준비하다 보면 환자의 입장에서 궁금해도 묻기 어려웠던 것이나 환자에게 필요한 정보를 제공할 수 있다. 예를 들면 엑스레이를 촬영하는 동안 환자들이 공통적으로 궁금해 하는 내용은 무엇일까? 방사선이 해로운 것은 아닌지, 촬영하는 동안 내가 어떻게 하고 있어야 하는지가 궁금할 것이다. 검사과정이 익숙한 우리가 보기엔 별것 아니겠지만 환자 입장에서는 생소하니 궁금할 수 있다. 엑스레이실 내부에 이해하기 쉬운 안내판을 제작해 붙여 놓는 것도 좋은 방법이다.

소통의 방법은 대화 말고도 다양하다. 치과에서는 진료 중간에 물로 입안을 가글해야 하는 상황을 감안해 정수시스템을 안내하는 것도 좋은 방법이다. 아무리 좋은 정수 시스템을 도입했다고 하더라도 환자에게 알려 주지 않으면 소용이 없다. 이런 서비스와 배려가 쌓이면 이에 만족한 고객들에게 특별한 진료로 인식 되는 것이다.

환자가 병원을 방문하여 가장 큰 기대를 하는 순간은 원장과 만나 직접 소통하는 순간이다. 그래서 병원은 이 순간을 위해 다양한 방법으로 환자를 도울 방법을 연구해야 한다. 원장은 환자에게 신뢰와 호감을 줄 수 있어야 한다. 특히 처음 본 순간의 눈 맞춤이 중요하다. 첫 만남이 어색한 원장은 자연스런 환자 맞이를 사전에 연습하는 것도 좋다. 직원들이나 가까운 사람에게 도움을 받아 친근감과 신뢰감을 높이기 위한 노력을 계속한다면 직접 만나는 순간의 자신감을 높일 수 있다. 개원 초기 경험이 부족해 진료별 프로세스를 놓치는 경우가 있다면 프로세스 순서를 책상이나 모니터 등에 메모해 두는 것도 좋은 방법이다.

간호사나 치과위생사등 보조 인력의 도움도 중요하다. 환자의 입장에서는 원장을 만나는 시간이 가장 중요하지만 짧은 시간이기도 하고, 원장에게 직접 묻는 것이 어렵기도 하다. 그래서 보조 인력이 고객에게 도움이 될 수 있는 것들을 알려주는 것이 필요하다. 아울러 주의사항 등 꼭 필요한 정보를 전달하면 환자의 진료과정에 도움을 주고 원장의 진료에 신뢰를 더할 수 있다.

원장과 직원간의 커뮤니케이션과 팀워크는 하루아침에 만들어지지 않는다. 그러므로 조회나 세미나등 정기적인 시간을 통해 진료 전후 환자응대에 관한 사항을 체크하고 피드백 하는 것이 필요하다.

병원은 고객과의 의사소통을 위한 다양한 아이디어를 찾으려 노력해야 한다. 삼성서울병원은 개원 초기부터 '1, 2, 3 대화법'으로 환자에게 먼저 다가갔다. '1'은 '예', '2'는 '그렇군요', '3'은 '맞습니다'로 환자가 처음 말을하면 '예', 그다음 말에는 '그렇군요', 또 그다음 말에는 '맞습니다' 식으로 환자의 말에 긍정적으로 응대해 편안한 의사소통을 이끌어내는 방법이다.

내가 근무하는 병원에서는 과잉진료가 사회적 이슈가 되었을 때 '과잉진료 없는 좋은 치과' 만들기 캠페인의 일환으로 배지를 만들어 모든 직원이 명찰 위에 착용하고 근무하여 환자들에게 큰 호응을 얻은 바 있다. 또한 방문할 고객의 정보를 직원 모두가 공유하고 고객이 방문했을 때 고객에게 친근하게 소통할 수 있도록 노력해야 한다. 매일 진료시간 전에 당일 주요환자에 관한 정보를 공유하는 것도 고객과의 소통을 원활하게 하기 위함이다.

요즘은 병원 인테리어도 원장과 환자, 병원과 환자의 소통에 도움을 주는 방향으로 발전하고 있다. 얼마 전까지만 해도 멋있고 실용적인 것이 디자인 설계과정의 핵심 요소였지만 최근에는 여기에 더해 고객의 감성적인 부분까지 고려한 인테리어가 좋은 인테리어로 평가된다. 어느 대학병원 MRI 실은 고객이 좋아하는 음악과 경치를 MRI 검사 시에 제공하는 시스템을 도입하기도 했다.

우리 병원에서는 대기 고객과 소아 고객이 함께 있는 것이 불편한 것을 감안하여 별도의 장소에 아이들이 좋아하는 애니메이션이나 TV를 시청할 수 있는 공간을 마련해 놓고 있다. 많은 소아 치과에서는 천정에 TV나 모니터를 설치하여 소아가 진료를 하는 동안 TV나 애니메이션에 정신을 집중하게 유도한다. 노인층을 겨냥한 병원의 경우 어르신들을 위한 안마의자나 혈압계를 구비해 대기시간을 지루함을 줄여 주고 있다.

내가 전에 근무했던 호산나치과의 경우 원장이 병원 1층 20여 평의 공간에 카페와 별도의 룸을 만들어 주변 대학과 교회의 동아리 활동과 소모임 활동 공간으로 제공하기도 했다. 지역의 문화행사가 부족함을 느껴 카페 공간을 이용해 미술 전시회를 개최하는 등 지역사회에 병원이 나눔의 공간이 되고자 다양한 노력을 했다. 이처럼 다양한 모습으로 이루어질 수 있다.

환자와 원장이 소통하기 위한 또 하나의 공간은 상담실이다. 대부분의 치과나 피부과, 성형외과에서는 상담실을 운영하고 있으나 보험과에서는 대부분 상담실을 운영하지 않는다. 하지만 상담실 공간에서 원장을 대신해 간호사 등 담당직원이 환자에게 필요한 정보나 궁금한 점을 알려준다면 고객의 만족도는 더욱 높아질 것이다. 상담실 자체의 삭막한 분위기를 줄이기 위해 원장 가족의 사진을 게시하는 것도 유용한 팁이다.

환자와 원장의 소통에 가장 중요한 역할을 하는 것은 역시 직원이다. 직원들이 소통의 메신저 역할을 해준다면 원장은 얼마든지 일인다역을 할 수 있다. 물론 그렇게 되기 위해서는 철저한 준비와 훈련, 피드백이 필요하다. 지금 이 순간에도 환자들은 원장과 소통되는 병원을 찾고 있다. 소통을 위한 다양한 시도를 계속하는 병원들을 응원한다.

충성고객부터
확보하라

"좋은 병원과 위대한 병원의 차이를 아는가?"

짐 콜린스의 《좋은 기업을 넘어 위대한 기업으로》에 나오는 문구를 패러디 한 것으로 내가 강연이나 강의 때마다 수강생들에게 하는 질문이다. 대부분의 수강생들이 다양한 대답을 하지만 적절한 이유를 제시한 답변을 들은 기억은 그리 많지 않다.

원장이나 직원이 좋은 병원과 위대한 병원의 차이를 구분할 수 있다면 병원의 모든 업무에 대한 관점을 근본적으로 바꿀 수 있다. 나는 좋은 병원은 고객이 만족한 병원이고, 위대한 병원은 만족한 고객이 다른 고객을 소개해주는 병원이라고 정의한다. 따라서 내 정의에 맞는 충성고객은 돈을 많이 낸 고객이 아니라 우리 병원을 다른 고객에게 소개해주는 고객인 것이다.

나는 병원의 성공에 있어서 '우리 병원을 다른 사람에게 소개해 주는 고객'보다 더 중요한 것을 본 적이 없다. 병원을 소개해주는 고객이 많은 병원은 모든 경영지표가 좋을 수밖에 없다. 홍보로 인한 마케팅비용을 절약할 수 있고, 객단가의 고민을 한방에 날릴 수 있으며, 비급여 진료의 상담동의율을 획기적으로 올릴 수 있기 때문이다. 소개환자가 비소개환자에 비해 모든 지표가 좋은 이유는 많은 경우 진료를 결심하고 병원을 방문하기 때문이다. 소개환자를 통해 우리병원의 장점에 호감을 갖고 오는 것도 마케팅 차원에서 유리하다. 진료동의에 실패했을 때 소개해준 고객이 병원을 대신해 환자를 설득하는 경우도 있다. 병원에게 소개고객은 보석과도 같은 존재이다.

컨설팅이나 코칭을 진행하려는 병원에 방문하여 관련 자료를 취합해 보면, 많은 경우 원장이나 관리자들이 매출이나 신환수 정도의 정보는 알고 있으나 소개환자비율, 환자 내원경로의 정보는 모르는 경우가 많다. 객관적이고 효율적이지 못한 경영을 하고 있는 것이다. 그에 반해 소개환자에 관심이 많은 원장과 관리자는 환자의 내원경로와 소개이력을 줄줄이 꿰고 있다.

내가 10년 전에 방문했던 경북의 한 치과는 주 5일 근무를 시행하고 있었는데 진료를 위한 근무일은 4일이고 하루는 환자의 정보를 정리하고 공유하는 업무를 했다. 예를 들면 A환자는 지난번 방문했을 때 병원 카페에서 아메리카노를 주문했고, B환자를 소개했으며 2개월 전에 보름간 유럽여행을 다녀왔고, 다음 달에 큰언니의 결혼식이 있다는 등의 내용이었다. 이런 내용을 모든 직원이 공유하니 환자가 방문하였을 때 "이번에도 지난번과 동일한 아메리카노로 준비해 드릴까요?" 라든지, "다녀오신 유럽 여행 중에 기억나는 곳은 어디세요?", "다음 달 큰언니 결혼식은 준비 잘되고 있으세요?"등 환자 맞춤 질문을 할 수 있는 것이다. 그러다 보니 주변 치과보다 진료수가가 훨씬 높았음에도 고객들은 진료비를 아까워하지 않을 뿐 아니라 주변사람들에게 그곳을 알리는 충성고객이 되어 있었다.

한의원을 비롯해 내과, 소아과, 이비인후과, 가정의학과의 보험위주의 진료를 하는 병원은 본인 부담금이 많지 않기 때문에 그런 노력들이 필요 없다고 생각 할 수도 있다. 그렇기 때문에 오히려 환자 관리를 시행한다면 노력하지 않는 다른 병원에 비해 경쟁력을 높일 수 있다. 이전 진료기록을 토대로 환자에게 지금은 상태가 어떤지 질문하는 것도 좋은 방법이다. 가족이 함께 이용하는 환자일 경우에는 다른 가족의 안부를 묻는 것도 방법이다.

얼마 전에 막내딸이 감기에 걸렸는데 가까운 내과와 소아과, 이비인후과를 놓고 어디를 가야 할 지 고민하다가 주차가 가능한 제일 가까운 곳으로 갔던 기억을 떠올리면 우리가족은 3년이나 살고 있는 지금의 동네에서 내과, 소아과, 이비인후과, 가정의학과 어느 곳에도 충성

고객이 아닌 것이다.

　그에 반해 이전에 6년간 살았던 동탄신도시에서는 S내과가 우리 가족 주치의 병원이었다. 그곳의 원장은 갈 때마다 우리가족 모두를 기억하고 있었고, 이전 질병에 관한 사항을 체크해 주셨다. 내가 위내시경 검사를 했을 때는 검사 결과를 원장이 직접 전화로 알려주었다. 나는 결과가 나쁜 것도 아닌데 무슨 이유로 직접 전화를 했는지 물었다. 원장은 직접 통화하면 환자가 궁금할 내용을 바로 피드백해 줄 수 있어서 모든 환자의 검사결과를 이렇게 직접 전화로 알려 준다고 했다. 이후 내가 그 내과에 소개해 준 환자가 수십 명은 될 것이다. 나처럼 소개를 시켜 주는 고객이 많은 S내과는 충성 고객이 가득한 병원이 되었다.

　충성고객은 직원으로부터 시작된다. 내가 S내과를 처음 방문하게 된 계기도 그곳에서 근무하던 원무과장을 통해서였다. 우연히 학교검진으로 만날 일이 있었는데 같이 점심을 먹으며 대화를 나누게 되었다. 병원에서 근무하는 사람들은 진료가 필요할 때 병원과 원장에 대한 정보를 공유한다. 내가 위내시경에 대한 문의를 했더니 그 자리에서 병원에 전화를 걸어 예약을 잡아주었다. 그리고 나중에 만족하지 못하면 자신이 무슨 소원이든 들어주겠다고 말했다. 그 정도로 원장을 신뢰하는 것이다.

　나도 치과에서 오래 근무하다 보니 주변 사람들에게 좋은 치과를 소개시켜달라는 요청을 자주 받는다. 그럴 때마다 거리가 문제가 될 경우를 제외하고는 바로 병원에 전화를 걸어 진료예약을 도와준다. 사람들은 나에게 원장이 진료를 잘하느냐고 묻곤 한다. 나는 간단하게 "우리 장모님이랑 아이들 모두의 주치의입니다."라고 대답한다.

이렇게 충성고객은 직원들로부터 시작된다. 어느 조직이나 마찬가지겠지만 병원의 내부사정을 가장 잘 아는 사람은 직원이다. 내가 매월 초에 작성하는 전월 경영평가 항목 26가지 중에 하나가 직원의 환자소개 항목이다. 직원이 자신이 근무하는 병원을 주변에 소개하지 못하는 것에는 몇 가지 이유가 있다. 많은 원장들이 이것을 간과해 가장 중요한 충성고객을 확보하지 못하는 것 같아 안타깝다. 직원을 먼저 자신의 충성고객으로 확보하기를 바란다.

직원이 주변사람들을 병원에 많이 소개하기 위해서는 우선 특별함이 필요하다. 직원을 가족으로 여긴다면서 그 친구나 지인이 왔는데도 관심을 보여 주지 않으면 고객의 직원에 대한 신뢰가 무너진다. 그러므로 정말 특별하게 대해야 한다. 진료비에 대한 혜택을 주는 것도 좋은 방법이지만 다른 배려 없이 비용만 줄여주는 것은 좋지 않다. 자칫 돈만 아끼려고 우리병원을 이용하는 고객으로 오해될까 염려할 수 있기 때문이다. 중요한 것은 특별함이다. 직원의 소개를 받고 오셨으니 더 잘 봐 드리겠다고 말하고, 혹시 불편한 점이 있으면 부담 갖지 말고 편하게 말해 달라고 하면 어려움이 사라진다.

두 번째로는 정직함이 필요하다. 가끔 자신이 근무하는 병원은 진료를 잘하지 못하는 병원이라 소개를 하고 싶지 않다는 직원들을 만날 때가 있다. 그런데 그 진료를 잘 한다는 기준이 대부분 병원과의 신뢰 문제에서 발생한다. 원장이 비용이 아끼려고 좋지 않은 재료나 1회용 기구를 다시 사용하는 등 직원들에게 부정한 모습을 보이거나 약속했던 복리후생이 지키지 않으면 직원은 병원을 믿지 못하고 주변사람들에게 병원을 소개하지 못한다.

마지막으로 직원 스스로가 병원을 그만두고자 할 때는 환자를 소개하지 않는다. 이 경우는 특히 내가 근무하고 있는 치과에서 두드러지는 현상이다. 치료에서는 한 번에 끝나지 않고 계속적인 관리가 필요한 진료가 많다. 직원 입장에서는 소개환자가 있는 상황에서 퇴사할 경우 자칫 무책임한 사람이 될 수도 있다는 생각에 소개하지 않는다.

병원에 만족한 고객을 충성고객으로 만들기 위해서는 스토리가 있어야 한다. 다른 사람에게 우리 병원을 소개하려 해도 "그냥 잘해."라고 말하는 것으로는 임팩트가 없다. 그래서 환자가 우리병원을 소개할 수 있는 무언가를 만들어 주는 것이 필요하다.

예전에 근무했던 호산나치과의 경우에는 나눔을 가장 큰 가치로 여겨 NGO(기아대책)와 함께 참여한 해외봉사활동과 국내봉사활동, 그리고 개성공단 의료봉사까지 나눔이라는 것을 주제로 환자에게 다양한 스토리를 제공할 수 있었다.

지금 근무하고 있는 치과는 기록을 주제로 스토리를 만들어 환자에게 제공하고 있다. 원장의 이름이기도 한 김기록치과는 자신의 이름을 걸고 책임 진료를 하고 싶다는 원장의 경영철학과 더불어 고객, 직원, 원장 모두가 행복한 기록을 만들어 보자는 스토리를 하나하나 쌓아가고 있다. 3개월간 쓴 칫솔을 가지고 다시 방문하면 사용한 환자에게 맞는 TBI 방법을 알려주는 것이 우리 병원의 가장 기본적인 스토리다. 250대 동시이용이 가능한 주차장 스토리는 덤이다.

원장을 비롯한 직원들은 환자에게 소개환자를 부탁하는 것을 부담으로 여긴다. 그렇게 어렵게 여길 필요 없다. 병원 이용에 만족한 고객들은 기쁜 마음으로 기꺼이 소개해 준다. 고객이 선택해서 진료를 잘 마치게 되었고, 이제부터 계속 우리병원을 선택해 주면 더 잘해 주겠다는 약속과 함께 만족한 만큼 주변에도 많은 소개를 부탁한다고 이야기하면 만족한 대부분의 고객은 흔쾌히 동의한다.

우리 주변에 위대한 병원이 적은 이유는 대부분의 병원이 경영 목표를 좋은 병원에 두고 있기 때문이다. 그런 점에선 위대한 병원이 되는 것을 방해하는 내부의 적은 그저 그런 좋은 병원이라고 할 수 있다. 그러나 좋은 병원을 넘어 위대한 병원이 되고자 한다면 소개환자가 많은 병원이 되어야 할 것이다. 병원을 소개해 주는 충성고객, 이것이 성공 병원의 핵심이다.

불량고객과
불만고객을 구분하라

불량고객을 생각하면 제일 먼저 떠오르는 한 사람이 있다. 첫 병원 근무에서 만난 환자인데 10여 년이 지난 지금도 얼굴이 떠오를 만큼 강한 인상을 갖고 있다. 정확하게 기억나지 않지만 뇌질환 관련 질병을 가진 사람으로 위아래 앞니를 떠는 일종의 틱 장애가 있었다. 그 때문에 장애인 진료가 가능한 대학병원에서의 진료를 환자에게 권유했다. 하지만 환자는 거리상의 문제와 함께 자신은 진료에 협조할 수 있고 진료를 잘하는 원장이 너무 좋아 이 병원에서 진료를 받고 싶다고 요구했다. 원장은 환자의 장애로 인한 보철물의 파절의 위험성을 여러 번 알려주었다. 환자는 원장의 거듭된 요청에도 꼭 이 치과와 원장에게 치료를 받고 싶다고 고집했다. 결국 원장과 상담실장의 결정으로 진료가 진행되었다.

　진료는 2개월 정도에 걸쳐 정상적으로 진행되었다. 진료를 마치고 후 수개월이 지났을 때 환자가 병원을 다시 방문했다. 원장의 염려대로 보철물의 파절로 인해 A/S를 받고 싶어 내원한 것이었다. 확인해보니 치료가 마쳤음에도 진료비 중 상당부분이 미납인 상태였다. 나중에 안 내용이지만 환자의 경제적 형편이 어려워 상담실장과 원장의 묵인아래 일정 진료비가 미납인 상태로 진료를 마무리한 것이었다. 당시 나는 원무부장의 지시로 진료비 수납이 완료되면 보철물의 A/S를 진행하라는 지시를 받았고, 그 내용을 원장님과 상담실장에게 전달하였다. 환자의 입장에서 생각하던 상담실장도 A/S를 받기 위해서는 진료비를 완납해야 한다고 환자에게 통보했다. 하지만 환자는 자신의 어려운 형편만 주장하며 보철물 A/S를 요구할 뿐 진료비를 낼 수는 없다고 했다.

　1주일쯤 시간이 지난 후 관할 보건소에서 민원에 따른 점검이라며 우리 병원에 방문했다. 내용을 들어보니 그 미납환자가 자신의 진료를 A/S 해주지 않는다는 이유로 보건소에 민원을 제기한 것이었다. 보건소 담당자에게 지난 상황을 설명하고, 진료기록과 관련된 자료를 제출한 뒤 미납진료비가 완납되면 A/S는 정상적으로 진행하겠다고 했다. 담당자는 환자에게 진료비를 완납하고 진료에 따른 A/S를 진행하라고 통보했다.

　며칠후 보건소장이 병원에 찾아와 민원인의 개인사정이 딱하니 병원에서 재능기부나 의료봉사 차원으로 진료를 진행해 주는 것은 어떻겠느냐고 요청했다. 병원 측에서는 전례는 없었지만 여러 가지 형편을 고려해 A/S를 진행하기로 결정했다. 하지만 그사이 환자가 경기도청 민원실에 우리병원과 보건소 사이에 불법적인 커넥션이 있다는 민원을 제기했다. 도청 담당자들이 내원해 확인한 결과 혐의 없음으로 결론 내렸다.

자신이 원하는 방향으로 해결되지 않은 것으로 생각한 환자는 보건복지부에 민원을 넣었으나 보건복지부는 도청에 민원을 이첩하는 공문을 환자에게 전달했다. 그러자 환자는 병원과 원장을 상대로 법원에 민사 손해배상을 청구했고, 우리 병원에서는 진료비 미납금에 따른 반소를 제기했다. 내가 그 병원을 퇴사할 때까지 약 3년간 그 환자의 손해배상 건은 1심 판결(병원승소)을 거쳐 2심을 기다리고 있었다. 그 이후 소송이 어떻게 진행되었는지는 알 수 없다.

내가 말하고 싶은 것은 이 환자가 과연 불만고객일까 하는 점이다. 원장이나 상담실장과 이야기를 나누다보면 많은 경우 불만고객과 불량고객을 구분하지 못했다. 세간에 화재가 되는 블랙 컨슈머도 병원에도 존재한다. 자신은 주의사항에 협조하지 않으면서 진료에 대해 무조건 성공하라고 억지 부리는 환자들로 인해 억울한 원장, 상담실장은 밤잠을 설치기도 한다.

사실 불만고객과 불량고객을 처음부터 구분 짓는 것은 위험한 행동이다. 오히려 선량한 피해자를 만들 수도 있기 때문이다. 다만, 병원에서 감당할 수 없는 불량고객은 적당한 때에 병원과 헤어질 수 있도록 돕는 것이 환자와 병원 모두를 위해 필요한 일이다. 불량고객으로 인해 대부분의 다른 고객들이 피해를 입기 때문이다.

원장이 혼자인 대부분의 병원에서는 앞에서의 사례와 같이 막무가내로 대하는 고객에게 일일이 대응할 수 없는 것도 큰 이유다. 원장이 진료를 미루고 민원과 송사에만 매달릴 수는 없는 노릇이다. 특히 직원들은 자칫 불량고객으로 인해 큰 상처를 받을 수도 있다. 병원에 CCTV를 설치해 병원과 직원을 보호하는 것도 하나의 방법이다. 몇 년 전만 해도 CCTV가 설치 된 공간이라고 하면 고객을 의심하는 것으로 오해하는 사람도 있었으나 근래 많은 곳에 CCTV가 설치 되다보니 병원 스스로 직원과 고객을 보호하기 위한 최소한의 대책이라 할 수 있다.

불량고객과는 다른 불만고객은 어떤 고객일까? 불만고객은 대부분의 일반적인 상식을 가진 고객으로, 병원의 업무나 절차에 대해 문제를 제기한 고객이다. 이 고객들의 불만은 많은 경우 진료 자체보다는 진료 외적인 경우가 많다. 대표적인 것이 대기시간이다. 많은 병원들은 대기시간에 대해 무덤덤한 것 같아 안타깝다. 대기시간을 줄이기 위한 병원 차원의 대책이 필요하겠지만 환자가 갖는 가장 큰 불만은 환자의 시간에 대해서 직원이 관심을 갖지 않는데 있다. 예를 들면 얼마나 기다려야 하는지 물을 때, 그냥 기다리라고 말하는 것과 일정한 범위의 시간을 알려주는 것은 큰 차이가 있다. 고객입장에서 성의가 있느냐, 없느냐의 차이인 것이다. 혹시 이후 약속이 있어서 마쳐야하는 시간이 있는지 묻는 것도 중요하다. 그리고 환자에게 상황을 설명해 주면 대부분은 불만을 표시하지 않는다. 감사하게도 자신이 급한 일정이 있는 경우에는 예약을 잡고 다음에 방문하기도 한다.

하지만 성의 없이 그냥 기다리라고만 말하고 장시간 기다리게 하면 환자들은 화가 나기 시작한다. 물론 이때라도 병원의 형편을 이야기하고 사과하면 대부분의 환자들은 이해 해준다. 직원이 환자에게 사과조차 하지 않거나 더 이상 참지 못하는 환자의 경우에 화를 내게 되는 것이다.

여기서 우리가 놓치는 것이 있는데 불만고객 모두가 병원에 클레임 걸지는 않는다는 것이다. 다시 말해 자신의 불만을 이야기 하지 않고, 그냥 우리병원을 이용하지 않으며, 다른 사람들에게 자신이 이용하지 않는 이유를 설명하고 다닌다는 것이다. 대표적인 인물이 나다. 나는 다른 사람과 언쟁하는 것을 좋아 하지 않는다. 불편한 이야기를 하는 것도 싫어한다. 다만, 내가 느꼈던 감정을 가까운 사람들에게 표현하는 것은 좋아한다. 어쩌면 병원이나 기업입장에서 걱정해야 하는 것은 잘못된 서비스를 제공하고 있으면서도 고객의 응답이 없어 자신들이 잘못하는 것을 알지 못하는 것이다. 이것이 병원이 망하는 길이다. 그래서 병원은 절대로 이 길을 가면 안 된다. 그러나 병원을 이용하는 모든 고객에게 물어 볼 수 없기 때문에 불만이 있는지 없는지를 알 수는 없다.

이런 고객들의 의견을 듣기 위해 고객만족관련 설문을 받는 것을 추천한다. 칭찬이나 불만직원 스티커를 붙이게 해 주는 것도 고객의 불만을 알 수 있는 방법이다. 직접적인 설문과는 별도로 고객의 불만을 경영지표를 통해서 예측 할 수도 있다. 예를 들면 내가 매월 작성하는 경영평가에서 원장과 직원의 고객만족도에 대한 간접 지표가 있는데 그것은 바로 '신환 소개율'이다. 소개가 많다는 것은 병원의 진료와 서비스에 매우 만족했다는 결과이기 때문이다. 소문을 듣고 내원했다는 것도 같은 범주에 해당한다. 소문이라는 것은 특정할 수는 없지만 이용 고객의 긍정적인 반응의 산물이기 때문이다.

신환만족과 관련해서 절대수치도 중요하다. 예를 들어 매월 100명의 신환중 70명이 소개로 와서 소개율이 70% 내외였는데 갑자기 신환이 200명이고, 100명이 소개로 왔다고 해서 실망할 필요는 없다. 이런 경우 소개율이 70%에서 50%로 떨어진 사실보다 갑자기 100명이 더 온 원인을 찾는 것이 중요한 것이기 때문이다. 반대로 신환이 80명으로 줄었는데 소개율이 80%로 올라 64명이 왔다고 하더라도 문제 상황으로 여겨야 한다.

이런 논의들이 필요한 것이 원장, 상담실장, 경영실장, 진료팀장이 함께하는 경영회의다. 회의를 통해 불만고객의 발생요인 및 해결 가능한 방안을 논의하고, 피드백하는 절차가 바로 소개환자를 늘리기 위한 경영, 마케팅의 핵심 업무이다. 소개환자의 증가와 유지가 경영평가의 제일 중요한 목적이다. 불량고객을 만나게 되면 이후에 항상 직원들과 나누는 이야기가 있다. 예약 잘 지키고, 진료비 제때 잘 내주고, 주의사항도 잘 지켜 좋은 진료 결과를 만들어 주는 대부분의 고객이 우리에게 얼마나 감사한 고객인지 말이다.

불량고객이나 불만고객은 가급적 관리자가 전담하는 것이 여러모로 도움이 된다. 물론 진료에 관한 클레임을 제기하는 것이라면 원장과 면담이 필요하다. 그 외에는 관리자가 고객의 이야기를 별도의 공간에서 경청하는 것으로 충분히 문제를 해결할 수 있다. 특히, 불량고객의 경우, 공간을 직원들과 분리시켜 직원들의 정서적 어려움을 방치하지 않는 것이 중요하다. 불량고객에 대한 병원의 미숙한 처리로 퇴사는 물론, 직업적 좌절감에 빠진 사람을 만난 적도 있다. 이러한 문제는 사회적 현상중 하나로, 앞으로 더 많아질 가능성이 크다. 병원의 철저한 준비와 세심한 대책이 필요하다.

고객의 니즈를 넘어선
원츠를 찾아라

당신의 병원을 방문하는 고객의 니즈는 무엇인가? 대부분의 병원에서 환자를 응대할 때 첫 질문이 "어디가 아파서 오셨어요?"다.

나는 모든 고객이 병원을 방문했을 때 바라는 것 중의 하나가 환영이라고 생각한다. 많은 고객들이 첫 방문 후 얼마 되지 않아 이 병원에서 진료를 받을지 결정한다고 한다. 따라서 방문하는 고객에게 반드시 환영한다는 신호를 보내야 한다. 이후 고객의 판단에 확신을 주는 것으로 진행하는 것이 고객과 병원을 위하는 길이다. 병원은 환자로 인해 가치를 생산하고 때문이고 대부분의 고객은 병원에 필요가 있어 방문하기 때문이다.

내가 병원을 방문할 일이 있을 때 나는 나를 대하는 직원들의 첫 반응에 주목한다. 대부분의 병원 직원들이 고객의 눈을 보지도 않고 말한다. 예전에 어느 병원 대기실에 앉아 있다가 예약시간보다 30분 넘게 기다리던 한 환자가 데스크 직원에게 조심스럽게 언제쯤 진료받을 수 있느냐고 물었다가 오히려 혼쭐이 나는 경우를 본 적도 있다. 얼마 전에는 우리 병원 실장이 원장 심부름으로 근처 병원에 갔다가 전화에 매달려 방문한 사람과 눈도 안 마주치는 직원들을 보고 기분이 좋지 않았다고 했다. 실장은 우리병원에서는 절대로 그런 기분을 느끼게 하지 않게 하겠다고 다짐했다. 이렇게 첫 방문 시의 응대는 고객과 병원과의 관계에서 매우 중요한 것이다.

고객이 자신의 니즈나 원츠를 정확하게 모르는 것도 유의해야 한다. 병원을 방문하는 모든 고객은 각자의 상황에 따라 다르겠지만 기본적으로 원하는 것들이 있다. 청결함, 친절함, 빠른 업무처리 등···. 이런 것들은 모든 고객에게 필요한 니즈다. 우리는 이것을 관리할 수 있는 방법을 찾아야 한다. 가장 쉬우면서도 확실한 방법은 직접 환자가 되는 것이다. 환자가 되어서 우리병원을 경험해 보면 고객의 니즈를 파악할 수 있다.

우선 고객들은 포털사이트에서 우리 병원에 대해 검색해 볼 것이다. 병원 홈페이지에 들어와 정보를 확인할 수도 있다. 그래서 우리는 검색되는 병원정보가 정확하고, 환자가 이용하기에 편리한지를 정기적으로 살펴야 한다. 또 병원으로 문의 전화를 하거나 카카오톡 메시지를 보냈을 경우 병원이 어떻게 응대하는가도 살펴보자. 차량으로 병원을 편리하게 방문하는 방법을 물어보고, 가는 방향에 따른 내비게이션 역할과 주차에 대한 정보가 적절히 제공되는지, 대중교통을 이용할 경우 지하철이나 버스노선의 이용방법이 적절한지도 살펴야 한다. 대중교통의 경우 운행시간이나 노선변경이 있는지도 정기적으로 점검해야 한다. 이런 것에 더해 환자가 원하는 정보들을 전화통화뿐만 아니라 SNS, 문자 메시지 서비스 등으로 제공해 고객의 기대를 넘어서는 것이 고객의 원츠를 찾아주는 것이다.

고객이 자신의 니즈를 데스크에 명확하게 전달하는 경우도 있다. 그럴 경우 중요한 것은 그것을 100% 해결해 주려고 노력하는 모습을 보여야 한다는 것이다. 예를 들어, "오늘은 꼭 12시까지 진료가 마쳤으면 좋겠어요. 중요한 약속이 있거든요." 라고 말한 고객에게 무조건 알겠다고만 하는 것은 좋지 않다. 이럴 경우 이야기를 전해들은 직원만 알고 있지 말고, 원장을 포함해 환자와 연관된 모든 직원들이 상황을 공유하고 해결 방안을 내놓아야 한다. 해결이 어려운 상황이 발생하면 가능한 한 빨리 고객과 소통하고 최선을 다해야 한다.

신환접수를 마친 고객은 대부분 병원에 대해서 궁금한 내용이 많다. 내가 병원을 잘 찾아 온 것인지, 내 치료를 잘 해결할 수 있는지 일단 의심할 것이다. 환자의 입장에서 자신의 몸을 맡길 병원에 대한 신뢰가 없다면 치료의 결과에도 나쁜 영향을 준다. 그러므로 귀찮고 번거롭다고 여길 것이 아니라 병원의 철학이나 진료방법, 치료과정을 안내해 환자가 병원을 믿고 자신의 진료를 맡길 수 있게 도와야 한다.

나는 얼마 전부터 광대뼈 부근이 아팠다. 위쪽 어금니 부분에 깨진 치아가 있어 그 치아에 문제가 있다는 의심이 들었다. 원장에게 치아에 금(crack)이 조금 있고 광대뼈 부근에 통증이 있다고 하니 치아에 문제가 있는 것 같다고 했다. 치아삭제를 위한 마취를 한 후 원장은 광대뼈 부근이 지금도 아픈지 물어보았다. 나는 아직도 아프다는 말을 하였고, 원장은 그럼 치아에 문제가 아니라 악관절의 문제인 것 같다며 악관절 치료를 먼저 시행했다. 치료 후에는 지금까지 별 문제 없이 잘 지내고 있다. 만약 그 때 어금니 치료를 진행했다면 아까운 치아만 삭제하게 되는 상황이 발생할 수도 있었는데 원장의 정확한 진단으로 나도 알지 못했던 원인이 해결된 것이다. 이런 원장의 정확한 진단과 진료 결과는 환자조차 모르던 원츠를 파악하고 해결하는 것이다.

원장들은 이런 일을 해결할 때 가장 큰 보람을 느낀다고 한다. 원장이 세미나에 자주 참석하는 이유는 몰랐던 내용을 배우는 경우도 있지만 세미나 강연자의 임상경험 중 자신에게도 일어날 수 있는 내용들을 듣고 사전에 대비하기 위함이란 이야기를 들은 적이 있다. 내가 책임져야 할 환자들의 원츠를 찾아주기 위해 주말과 휴일도 반납하고 열심히 공부에 임하는 것이다.

예전에 함께 일했던 원장은 '의사는 환자를 위해 발생할 수 있는 위험을 대비해야 하는 직업'이라고 말했다. 또한 환자에게 집중하고 노력하기 때문에 다른 일들에 대해서는 집중을 덜하게 된다는 이야기도 해주었다. 그래서 함께 일하는 직원들은 원장의 어려움을 이해하고 도우려는 마음으로 업무를 해야 한다.

환자가 생각하지 않았던 것을 찾아 미리 제공하는 것이 중요하다. 예를 들어, 내가 전에 일했던 병원에서는 원장이 임플란트 진료를 잘하고 관련 수술을 많이 했음에도 젊다는 이유만으로 원장의 진료를 신뢰하지 못했다. 보이지 않는 원츠, 즉 고객들이 궁금해하는 원장의 진료 실력을 알리기 위해 그동안 병원에서 시행했던 고난위도 임플란트 시술사례를 내부영상에 방영하고, 지금까지 식립한 임플란트 개수를 대기실 정면 벽에 커다랗게 게시했다. 이때부터 원장의 경력에 대한 문의는 눈에 띄게 줄어들었다.

고객에 관한 중요한 사항은 환자와의 신뢰의 문제다. 앞에서 이야기한 대로 우리병원에서는 개원 시부터 환자들이 제공한 폐 보철물에 대한 처리과정을 환자들에게 투명하게 공개한다. 자세한 기부내역과 관련 서류를 게시하고, 온라인 및 SNS에도 공유한다. 기부한 사람들의 내역도 구체적으로 기재해 오해의 소지도 줄이고자 노력한다.

병원을 이용하는 고객들의 상당수는 병원이 말만 좋게 하는 것이 아니라 좋은 행동을 하는 것을 직접 보고 싶어 한다. 환자가 모든 것을 일일이 원장이나 직원에게 물어볼 수는 없다. 약속한 것을 실천하는 것을 고객에게 알리는 것은 병원의 의무다. 요즘같이 바쁜 세상에 고객의 편에서 고객의 시간을 아껴 주는 것도 고객의 원츠를 위한 행동이다. 그런 점에서 업무를 정확하고 빠르게 처리하는 것 자체가 고객의 원츠임을 기억하자.

PART 03

성공하는 병원의 7가지 비밀

진료만 하지 말고 경영까지 하라
이름만 잘 지어도 명품병원이 될 수 있다
성공병원에는 성공전략이 있다
작은 혁신부터 시작하라
우리 병원만의 대표상품을 만들어라
우리 병원만의 차별화된 고객경험을 제공하라
2,000만 SNS 시대, 고객에게 응답하라

성 공 하 는 병 원 의 7 가 지 비 밀

SECRET

진료만 하지 말고
경영까지 하라

병원 양도 업무차 병원에 방문한 적이 있다. 원장은 본인이 개원해 12년간 진료를 하던 지금의 장소에서 다른 지방으로 병원 이전을 진행하고 있었다. 원장의 말에 의하면 처음 개원했을 당시에는 매월 신환이 100명이상 와서 병원의 경영상태가 양호했다고 한다. 하지만 개원 후 3~4년이 지난 시점부터 주변에 경쟁병원이 생기기 시작하더니 점점 경영환경이 나빠져 이제는 어쩔 수 없이 병원을 옮기는 것이라고 말했다. 옮기는 지역에 이미 서너 곳의 병원이 있기는 하지만 자신의 병원 위치가 주변 병원보다 좋아 잘될 것 같다는 말도 했다. 지금 병원은 대기실이 어둡고, 수술실에 빨래 건조대가 있는 등 관리가 되어 있지 않았다.

나는 원장에게 본인이 생각하는 병원의 성공요인이 무엇인지 물었다. 원장은 입지라고 말했다. 나는 다시 입지외의 성공요인은 무엇인지 물었다. 원장은 둘째도 입지라고 말했다. 어쩌면 그 원장이 처음 개원했던 2000년대나 그 이전에는 첫째도 입지, 둘째도 입지라는 말이 맞을 수도 있다. 그러나 지금은 모든 것을 대신할 수 있는 좋은 입지를 찾는 것은 불가능에 가깝다. 병원이 절대적으로 부족했던 2000년대 이전에야 개원지 주변에 병원이 없었기 때문에 병원의 존재자체가 성공 요인이었다.

하지만 지금은 주요상권 건물마다 병원이 존재하고, 치과와 한의원의 경우에는 거의 모든 건물, 심지어 한 건물에 2곳 이상의 병원이 존재하기도 한다. 여기에 더해 내과, 소아과, 이비인후과, 가정의학과 등은 진료의 특성상 타과와 진료가 중복되어 경쟁해야 한다. 이에 따라 신환이 예전처럼 많이 오지도 않을뿐더러 온다고 하더라도 그것만으로 병원의 성공을 보장할 수 없는 시대다. 물론 아직도 병원이 없는 지역이 존재한다. 하지만 그런 곳은 도시지역에 비해 가망고객 자체가 적다. 이 점은 현행 의료보험 제도에서는 매우 불리한 여건이다. 게다가 의료보조 인력을 채용하기도 어렵다. 경쟁 병원이 없어서 환자 확보가 용이하다는 장점 외에 경영에 불리한 요소도 존재하는 것이다.

그러므로 성공개원을 원한다면 가장 먼저 원장의 인식을 바꾸어야 한다. 내가 면허를 가진 의사이고 환자는 병을 가진 사람이니 환자를 낫게 해준다는 이유로 나를 믿고 무조건 따라올 것이라는 생각은 착각이다. 변화하는 시대에 맞는 생각으로 병원을 경영하고자 하는 결심과 노력이 없다면 성공개원은 없다. 병원도 독점의 시대에서 경쟁의 시대가 되다 보니 원장도 진료만 하지말고 경영을 해야 하는 시대로 바뀐 것이다.

 일부 원장들은 컨설팅에 부정적이다. 컨설팅을 해 봤지만 자신의 부족한 부분을 보완하지 못했던 경험이나 주변 원장들의 이야기만 듣고 컨설팅을 부정적으로 보는 것이다. 컨설팅이란 어떤 분야에 전문적인 지식을 가진 조직이나 사람이 고객을 상대로 필요한 것을 도와주는 것이다. 대부분이 자신에게 필요한 부분이 있어 컨설팅을 요청했지만 무엇을 원하는지도 모르는 채 불안한 마음에 컨설팅을 진행하기 때문에 목적과 목표도 없다.

 일부 원장들은 컨설팅을 자판기처럼 생각한다. 내가 1,000만원을 넣었으니 1,000만 원 이상의 매출이 바로 발생되어야 컨설팅이 성공한 것으로 생각한다. 이런 컨설팅은 어느 업체라도 성공할 수 없다. 컨설팅을 받을 원장이 준비가 되어 있지 않기 때문이다. 컨설팅을 원하는 원장이라면 자신이 필요한 사항을 사전에 충분히 업체와 협의하고 컨설팅 업체가 할 일과 원장이 할 일을 구체적으로 구분해야 한다. 사업을 처음 하는 원장의 경우에는 병원 사업에 필요한 경영에 관한 전반적인 사항도 이해하지 못하고 컨설팅을 의뢰하는 경우가 있다. 성공개원을 원하면 경영에 관한 준비를 해야 한다.

 성공개원을 위해서는 먼저 원장이 병원에 경영이 필요하다고 인식해야 한다. 그리고 가장 먼저 병원의 철학을 만들어야 한다. 철학이라는 것은 명확하게 표현하기 쉽지 않다. 그래서 되도록 쉬운 표현으로 내가 경험했던 사례를 중심으로 이야기를 하고 싶다.

사업자가 된 원장은 더 이상 진료만 하는 원장이 아니다. 병원 조직과 더불어 한 명이든 100명이든 직원들을 이끌어야 하는 한 기업의 오너다. 혼자 하면 자신의 생각대로 행동할 수 있으나 직원이 생기는 순간 모든 업무가 본인의 생각대로만 실행될 수 없다. 그러나 원장의 생각이 정확하게 전달되면 직원이 어떤 문제에 봉착했을 때 빠른 결정을 내릴 수 있으며, 번복도 줄일 수 있다.

사업자인 원장은 먼저 자신의 사명을 만들고 고객에게 알려야 한다. 모든 직원과 환자가 수시로 볼 수 있는 공간이 있으면 그곳을 통해 알린다. 형편이 여의치 않으면 A4용지에 적어서 책상 옆에 붙여 놓는 것으로 시작해도 좋다.

나의 경우 '내가 돕는 병원을 통해 대한민국 건강수명을 늘린다'라는 사명을 가지고 있다. 잊지 않기 위해 명함에 인쇄하였다. 명함을 꺼낼 일이 없더라도 하루에 서너 번 명함지갑을 열어 사명을 확인한다. 그러면 나태해지려는 마음을 추스를 힘이 나온다.

내가 돕고 있는 치과는 '행복한 기록을 드리겠습니다.' 라는 사명을 가지고 있다. 행복한 기록은 환자나 직원, 원장의 행복한 기록이다. 이것은 치과가 존속하는 동안 변하지 않는 방향이다. 원장 스스로가 만든 '병원을 하는 이유'가 모든 업무의 기초가 되는 것이다.

사명이 정해졌다면 업무의 우선순위를 위해 핵심가치도 정해야 한다. 핵심가치를 정할 때 주의할 것은 오너 자신이 좋아하고 지키고 싶은 가치여야 한다는 것이다. 실제 삶과 다른 핵심가치는 오히려 혼란을 주기도 한다. 따라서 핵심가치는 자신이 소중하게 생각하는 가치로 정해야 한다.

내가 하는 사업의 핵심가치는 '신뢰', '성장', '긍정'이다. 핵심가치를 찾을 때 나의 평소 업무스타일과 성격을 고려했다. 작은 약속도 지키려는 모습과 업무를 계획대로 진행해 예측이 가능하다는 점에서 '신뢰'를, 늘 공부하는 것이 나와 거래처를 포함한 주변 모두에게 도움이 된다는 것에 '성장'을, 부정적인 생각보다는 긍정적으로 바라보고 대응하는 업무 스타일을 희망한 것이 '긍정'이다.

이렇듯 핵심가치는 사업이 추구해야 할 가치의 우선순위이자 사업자의 평소 업무스타일이나 성격과 일치되어야 유지가 가능하고 고객에게 호응을 얻을 수 있다. 또한, 직원들에게 핵심가치를 알림으로써 예상하지 못한 업무에 부딪혔을 때 올바른 선택을 하는 기준이 된다. 성장을 핵심가치로 여기는 기업과 안정을 핵심가치로 여기는 기업의 선택의 기준은 다를 것이기 때문이다.

핵심가치가 정해졌다면 비전을 정하자 비전은 구체적인 목표나 미래상을 그려보는 것이다. "고객만족을 통해 내년에는 매월 100명 이상의 신환을 끌어들이고 이 중 60%는 소개환자로 한다."등이 비전이 될 수 있을 것이다.

많은 병원은 병원의 철학을 가지고 있지 않다. 그저 내원한 환자들의 병을 진단하고 치료계획을 알려주며 동의를 얻어 진료하는 것에 만족한다. 아직도 환자들을 수동적인 고객들로만 인식하는 것이다. 하지만 환자는 일방적인 지식만을 전달하는 전문가를 원하지 않는다. 병원도 예외가 아니다. 자신의 니즈를 해결해주고 원츠까지 발견해주며 자신과 공감할 수 있는 병원을 찾는다.

병원은 좋은 의도를 갖고 개원한다. 하지만 병원이 사명을 알리지 않은 경우 고객들에게 로열티를 기대하기가 쉽지 않다. 우리병원이 어떤 병원인지 고객에게 알려야 하는 시대다. 어렵지 않다. 자신의 생각을 솔직하게 정리해 사람들에게 알리면 로열티가 생긴 고객들이 당신을 믿고 따를 수 있다. 거기에 더해 내가 원하는 소개고객이 생기는 것이다.

개원을 했거나 하려는 모든 의사들은 성공개원을 원한다. 하지만 성공의 기준과 목표도 만들어 놓지 않고 성공개원을 원할 수 있었던 시대는 지났다. 이제는 성공개원 대해 준비하고, 생각하고, 실행해야 한다. 자신에게 맞는 전략을 만들고 실행 할 수 역량이 될 때 성공개원이 가능하다.

이름만 잘 지어도
명품병원이 될 수 있다

여성병원으로 유명한 미즈메디병원의 원래 이름은 영동제일병원이었다. 1991년에 개원해 시험관 아기 시술을 전문으로 하던 영동제일병원은 2000년 미즈메디(MezMedi)로 이름을 바꾸며 변화를 꾀했다. 이처럼 원장들이 병원 이름에 관심을 가진 지는 꽤 됐다. 병원이 많아졌기 때문에 고객에게 인식시키기 쉽지 않다는 반증이기도 한다.

하지만 아직도 많은 원장들이 병원 이름을 짓는 것에 큰 관심을 기울이지 않는다. 많은 병원들이 지역명을 넣어 이름을 짓는다. 신도시에 먼저 입점하는 병원이 지역선점 효과를 노리는 경우나 병원이 많지 않은 지방에 자주 볼 수 있다. 유선전화가 많았던 과거에는 114 전화번호 문의를 통한 신환유입도 지역명을 쓰는 병원의 주된 장점이었다. 요즘도 지역명+진료과명을 병원이름으로 하는 경우 인터넷 검색에서 유리한 측면이 있다.

병원 이름으로 유명 대기업이나 유행하는 브랜드의 이름을 차용하는 경우도 있다. 하지만 고객에게 이미 브랜드에 대한 인식이 정리된 상황에서 계속된 브랜드의 언급은 명확한 이미지를 주지 못한다. 다만 유명 대기업에 영향을 많이 받는 지역이라면 고객군의 특성을 고려해 볼 전략이다. 유명대학 출신이란 점을 강조하기 위해 출신학교의 브랜드를 이용하는 방법도 이제는 같은 병원 명을 쓰는 동문이 너무 많아 차별화를 어렵게 만드는 요소가 되었다.

병원의 이름을 지을 때 먼저 고려해야 할 점은 우리병원의 정체성이 잘 전달되느냐다. 이름을 들었을 때 연상되는 병원의 모습이나 이미지가 우리의 바람과 일치하는 것이 좋다.

예를 들어, 소화기 내과를 전문으로 하는 병원 중 '속편한 내과'가 있다. 멋지지는 않지만 속이 편하다는 이름에서 내과, 그것도 소화를 연상하게 한다. 네트워크 가입조건은 소화기내과 전문의 2인 이상에 위장출혈 지혈술, 용종 점막절제술, 소화관 협착 풍선 확장술 및 스텐트 삽입술 등 치료 내시경 시술을 시행할 수 있어야 한다. 브랜드 가입조건에 제약이 있어서 차별화가 가능하다. 쉽지 않은 조건임에도 2002년 6개이던 병원이 2017년 현재 36개로 5배 이상 꾸준한 성장을 보였다. 좋은 이름의 병원임과 동시에 어려운 가입조건이 브랜드의 가치를 유지시켜주고 있는 것이다.

내가 근무했던 예치과의 경우 禮(예절 예), 藝(재주 예), Yes(긍정 예)로 브랜드의 지향점과 함께 발음하기도 쉬워 병원 네이밍의 좋은 사례에 해당한다. 브랜드가 잘 잊히지 않아 내가 근무했을 당시에도 예 브랜드만 보고 오는 신환비율이 매월 10%가량 있었다. 예성형외과와 예한의등 타과로 확장되었던 사례이기도 하다. 특히, 일찍부터 브랜드 관련 전문 디자인이 적용되어 의료계의 브랜드 수준을 높였다는 평가를 받고 있다.

병원이름과 더불어 HI(Hospital Identity)의 중요성도 이야기 하고 싶다. 1999년 어린이 전문한의원을 표방한 H소아한의원의 경우에는 브랜드명과 발음이 비슷한 하마 캐릭터와 소아가 좋아하는 노란색을 메인 컬러로 한 HI를 이용해 유니폼, 인테리어, 차량 등에 일관된 브랜드 이미지를 제공했다. 지금은 국내 50여 지점과 미국, 중국에서 브랜드에 대한 로열티를 창출하고 있다. H소아한의원 브랜드는 이미 10년 전에 한의원만의 브랜드가 아닌 제약사까지 거느린 의료 브랜드가 되었다.

그렇다면 의료 기관에서의 브랜드 네이밍은 큰 자본과 전문적인 인력이 필요할까? 병원의 이용자가 대개의 경우 거리를 고려한 인근 가망 고객임을 감안하면 대기업에서 진행하는 수준의 무리한 투자를 할 이유는 없다.

내가 치과연구소장으로 있었던 김기록치과의 경우에도 개원 전 김기록원장과 병원이름에 대한 고민했다. 나는 원장의 이름을 병원 이름으로 쓰고 싶은 마음이 있었다. '기록'이라는 명사가 발음하기도 좋고, 한번 들으면 기억하기도 쉬워 브랜딩을 위한 일관성을 유지하기에도 좋을 것이라는 판단 때문이었다. 생각만 하던 중 원장이 먼저 자신의 본명을 치과 명으로 사용하는 것은 어떻겠냐는 질문을 했다. 책임 진료를 하고 싶다는 이유 때문이었다. 거기에 더해 내가 생각하던 내용과 일치되는 이유들을 말했다. 그렇게 '김기록치과'는 만들어졌다.

이름이 정해진 이후 우리가 진행한 첫 번째 홍보 카피는 "당신에게 소중한 기록은 무엇입니까?"였다. 치과 인테리어 공사를 진행하던 기간, 병원 외벽에 플래카드 형태로 부착해서 플래카드를 본 사람들에게 궁금증을 유발시키기 위한 전략이었다. 그사이 HI로고가 확정되었고 '내 생에 가장 행복한 기록'이라는 카피와 함께 병원을 개원했다. 이후 환자가 직접 사용한 칫솔을 이용한 '환자 TBI 기록', '지역사회의 행복한 기부문화 기록', '원장들의 성공개원을 위한 경영기록'등 '기록'을 콘셉트로 한 다양한 프로젝트가 진행되고 있다.

그런가 하면 내가 몇 년전에 근무했던 호산나치과의 네이밍은 우연이 필연이 된 사례다. '호산나'라는 말은 기독교 용어로 '지금 구원해주소서'라는 뜻을 가진 히브리어다. 재미있는 것은 호산나치과의 원장 이름이 '호산나'라는데 있다. 개원 당시에는 대학교수였다가 나중에 참여한 친오빠 구하라 원장과 올케 천지혜 원장 그리고 4명의 후배 원장과 호산나치과에서 기독교적 나눔 경영과 진료를 하고 있다.

호산나치과에서는 이름대로 의료봉사를 통한 재능기부는 물론, 최근에는 교육을 통한 나눔 미션을 실천하고 있다. 호산나치과의 이름을 들은 대부분의 환자들은 호산나치과가 어떤 일을 하는 곳인지 쉽게 알 수 있다. 예수님이 사람들을 구원한 것처럼 호산나치과를 통해 사회에서 소외된 사람들에게 나눔을 실천한다는 의미 말이다.

실제 호산나에서의 나눔 실천사례는 이루 헤아릴 수 없다. 하지만, 좋은 이름으로 좋은 실천을 하고 있음에도 기독교적 네이밍으로 마케팅 관점에서는 확장성에 한계가 있는 네이밍 사례이기도 하다. 고객에 따라 기독교에 대한 거부감이 있을 수도 있기 때문이다.

한 번 정해진 브랜드 이름은 마음에 들지 않는다고 해서 쉽게 바꿀 수 있는 것이 아니다. 간판 정도만 바꾸면 되는 것으로 생각하는 것은 위험한 발상이다. 네이밍으로 한번 인식된 이미지를 바꾸는 것이 매우 어렵다는 사실을 감안해야 한다. 처음부터 전략적인 네이밍을 생각해야 한다. 특허문제로 등록이 불가능한 이름은 아닌지 살펴볼 필요성도 있다. 외국명 브랜드 사용은 차후 문제의 소지가 없는지도 고려해야 한다.

그리고 병원의 장기 계획을 고려해야 한다. 네트워크 확장 계획이 있음에도 원장의 이름으로 브랜드 이름을 정한다면 네트워크 확장이나 병원 경쟁력에 위험요소나 장애가 될 수도 있다. 개인 이름을 브랜드 명으로 사용하는 병원의 경우 대표원장이 아닌 원장의 진료를 꺼리는 고객이 생길 수도 있다.

네이밍은 소비자가 좋게 인식해야 한다는 점에서 참신성도 중요하다. 근래에 많이 사용되는 좋은 뜻의 형용사와 진료과목으로만 이루어진 병원 이름은 시대에 뒤쳐진 이름으로 인식되기 쉽다. 글자 수에 구애 받지 않고 길게 쓰인 이름이나 병원 명에 숫자를 넣어 마케팅에 직접 활용하는 네이밍 전략으로 소비자에게 확실히 각인 시키는 병원도 늘고 있다. 충청남도 천안에 위치한 '아홉가지 약속치과'가 그 예다. 천안의 대표치과로 기억되려는 경영전략과 네이밍 전략을 택한 좋은 사례다.

우리가 기억해야 할 것은 네이밍도 브랜드의 일부라는 것이다. '우리를 인식한 소비자에게 어떻게 다가갈 것인가'라는 마케팅적 전략으로 만들어진 병원 네이밍은 성공할 가능성이 높다. 당신이 아는 병원이 잘 만들어진 네이밍과 이미지로 애초의 의도대로 소비자에게 어필되고 있다면 소비자에게는 이미 명품병원으로 인식되고 있을 것이다.

성공병원에는
성공전략이 있다

︰

    성공전략을 논의하기에 앞서 전략이란 것이 왜 필요한지를 생각해볼 필요성이 있다. 병원에 무슨 전략이 필요하냐 묻겠지만 의사결정의 방향을 일정하게 유지하려면 전략이 필요하다. 전략은 절대적이 아닌 상대적인 개념이다. 그러므로 전략을 수립할 때는 경쟁요인을 먼저 살펴야 한다. 경쟁요인을 정리하다 보면 병원에 맞는 성공전략이 도출된다.

    하버드 비즈니스 스쿨에 마이클 포터 교수의 '5가지 경쟁요인'을 살펴보면 전략을 이해하기가 쉽다. 미국에서 의료분야 경영의 대가이기도 한 마이클 포터 교수는 오바마 케어로 상징되는 미국의 건강보험 개혁안을 공동연구한 사람이다.

다음은 마이클 포터 교수가 정리한 '5가지 경쟁요인'이다.

1. 기존 기업 간의 경쟁관계
2. 신규진입자의 위협
3. 구매자의 교섭력
4. 공급업자의 교섭력
5. 대체상품 및 서비스의 위협

이를 구체적으로 정리해 우리 병원의 장·단점을 분석하다 보면 병원에 맞는 성공전략을 도출할 수 있다. 이해를 돕기 위해 과거에 내가 작성했던 내용을 공개해 본다.

1. 기존 기업 간의 경쟁관계 : 반경 500M 이내의 5곳의 경쟁병원이 있음. 개원 5년~15년의 낡은 인테리어를 제공하고 있으며, 근래에 새로운 장비나 진료방법을 제공한 것은 없어 보임
2. 신규진입자의 위협 : 반경 500M 이내의 신규개설 가능 상가는 현재는 존재하지 않으나 1년 후 OOO번지의 상가가 재건축 예정이며 그에 따른 신규 진입자가 생길 수 있음
3. 구매자의 교섭력 : 지하철역은 도보로 100M에 위치해 있고, 버스승강장이 20M이내에 있어 외부로의 이동이 어려움이 없다는 점을 감안할 때 교통이 편리하다는 것은 구매자가 타 지역으로 이동할 수

있다는 것임
4. 공급업자의 교섭력 : 건강보험공단의 정책변화에 예방과 관련된 변화가 많은 상황임. 스케일링, 임플란트 건강보험 적용 연령 확대 예정
5. 대체상품 및 서비스의 위협 : 아직까지는 큰 위협은 없으나 미백치료에 관한 전략은 최근 홈쇼핑 등의 변경된 채널을 통한 판매가 활성화 되고 있다는 사실에 주목할 필요가 있음

5가지 경쟁요인이 정리가 되었다면 이것을 바탕으로 전략을 세우는 것이 바람직하다. 위에서 소개한 마이클포터교수는 전략에 일정한 법칙이 있다고 말했다. 그는 3가지 전략법칙으로 차별화, 집중화, 원가우위 전략을 제시하였다.

첫째, 차별화 전략은 내가 근무했던 예치과에서 주로 선택한 전략이다. 일반적으로는 기존에 없던 것을 제공하는 것이나 의료계의 현실에서는 진료의 상향평준화, 수가의 하향평준화로 시장에서 차별화 전략은 어려워지고 있다. 특히, 의료계에서의 차별화 전략은 다른 병원의 따라 하기 전략으로 인하여 일정부분 한계가 존재한다. 그럼에도 좋은 원장과 직원을 영입, 교육하고, 서비스 프로세스를 개선하고, 타병원에서 시행하지 않고 있는 진료나 고급 외산 재료를 사용하고, 진료시간을 조정하고, 온라인 및 전화응대 인력을 고용하는 등의 차별화 전략을 채택할 수 있다. 내가 예치과 근무당시 매월 1회의 전국 예치과 경

영실장 정기 모임을 통해 각 병원들의 차별화 사례를 공유하며, 병원경영에 관련된 주요사항들을 연구하고, 공부한 것도 차별화의 한 예라고 할 수 있다.

둘째, 집중화 전략은 전문화 전략으로 오해 할 수 있는데 집중화가 더 큰 개념이다. H소아 한의원이 집중화 전략의 한 사례라고 볼 수 있다. 기존 나이에 따른 구분이 없었던 한의원에서 소아를 전문으로 하는 한의원으로 전략을 채택한 사례다.

셋째, 원가우위 전략은 규모의 경제로 대표되는 전략이다. 의료업의 경우에는 1인 1개소 개설로 인해 현실적으로 쉽지 않은 전략이 되었다. 어떤 산업이든 최소한 5%의 시장점유율을 가질 때에만 인식이 가능하다는 것을 감안하면 의료법이 바뀌어 동일 브랜드를 사용하는 병원이 시장에서 5%이상 존재한다는 것은 지금의 현실로는 어려운 상황이다. 브랜드만 공유하는 경우에는 프랜차이즈 본사와 클라이언트 병원간의 이해관계의 차이로 인해 원가우위 전략이 쉽지 않다.

이해를 쉽게 하기 위해 경영전략에 관한 두 병원의 사례를 들어보고 싶다.

A 치과 : 2000년에 개원하여 혼자 진료하고 있는 치과다. 월 평균 매출액은 7,000만원이고, 평균 세전이익은 3,000만원이다. 지금 병원은 7년 전 분양받아 이전한 곳이고, 이전에 개원했던 치과와는 1Km 내외의 거리여서 기존 환자들도 지금의 장소로 계속 찾아오고 있다.

B 치과 : 3년 전 치의학전문 대학원을 졸업하여 면허를 획득하고, 봉직의를 하면서 단독 개원 준비를 했다. 지금의 개원지는 1년간 개원준비를 한 자리다. 지난달부터 진료를 시작해서 한 달째인데 한 달 동안 신환은 30명, 매출은 2,000만원이었다. 앞으로가 걱정이다.

모든 병원은 상황이 다르다. 원장마다 형편과 목표도 다르다. 성공병원의 성공스토리를 들어보면 의도했든, 의도하지 않았든 성공전략이 있었음을 알 수 있다. 문제는 과거에는 의도치 않았어도 시간이 흘러 성공하는 사례가 존재했으나 지금은 의도하지 않은 성공을 찾기가 어렵다는 사실이다. 요즘 개원하는 원장들은 성공병원을 만들기 위한 성공전략을 세워야 한다.

성공전략을 세우기 전에 우선해야 확인해야 할 것이 있다. 바로 목표다. 목표는 병원의 단기비전과도 연결될 수 있다. 예를 들어 A 치과의 경우는 기존 고객만족과 안정적 매출유지가 목표라면, B 치과의 경우에는 신환증대, 고객만족, 매출상승을 통한 경영안정이 단기목표다. 내가 제시한 목표는 일반적인 기준으로 생각해 본 것이고 실제로는 원장의 성향에 따라 다를 수 있다. 만약 A 치과와 B 치과가 경쟁관계에 있는 곳이라면 A 치과는 B 치과가 생겨남에 따라 장비의 보완, 인테리어 개선 등 변화를 시도해야만 기존 고객의 만족 유지가 가능하다.

의사들이 실제 원장으로서 사업을 하게 되면 어려움을 토로하는 것 중 하나가 즉시 해야 하는 의사결정이다. 봉직의로 근무할 때는 진료만 잘하면 됐는데, 막상 개원을 하니 모든 부분을 자신이 결정해야 한다. 특히, 계획이나 예정에 없던 일이 발생하면 스트레스를 받는다. 하지만 경영을 하다 보면 이러한 상황은 수시로 발생한다. 해결의 어려움보다 받아들이는 사람의 마음의 어려움이 크다. 반면, 경험이 있거나 선천적으로 준비된 경영자는 자연스럽게 받아들인다. 자기 나름대로 원칙과 기준이 설정되어 해결 할 수 있기 때문이다.

쉬운 예로 지역 내 학교구강검진을 해야 할지 결정해야 하는 상황이라면 A 치과는 학교검진 기간에 예상되는 학생 통제의 어려움과 기존 고객의 대기시간을 감안해 다른 진료의 기회비용과 고객만족을 위해 포기 할 것이고, B 치과는 인력과 장비 가동률을 높이고, 지역에 병원을 알리며, 환자도 확보해야 하는 상황이므로 가능하면 학교구강검진을 하는 것이 바람직한 전략이다.

이처럼 전략은 성공하는 병원을 만드는데 중요한 역할을 한다. 전략이 모든 의사결정에서의 원칙과 기준이 되기 때문이다. 인사, 마케팅,

운영, 관리 등의 경영 전반에서 전략이 있고 없고의 차이는 크다. 전략이 명확하게 설정된 병원일수록 의사결정의 일관성을 유지하며 업무도 빠르게 진행될 수 있다. 그에 더해 전략은 원장의 의사결정뿐만 아니라 실무에서 경영을 돕고 있는 직원들에게도 업무의 기준이 된다.

작은 혁신부터
시작하라

많은 병원은 혁신의 필요성은 인정하지만 시간이 필요하다는 것에는 쉽게 동의하지 못한다. 생각이 공유될 시간이 필요하기 때문이다. 여기서 생각이란 원장의 생각을 말한다. 혁신은 조금씩 시간을 갖고 진행되어야 가능하다. 사람의 생각, 관점, 인식을 변화시키고자 할 때 이 점을 반드시 기억해야 한다. 사람들은 변화를 좋아하지 않기 때문이다.

내가 수년간 병원 업무를 진행하면서 경험한 원칙은 원장이 먼저 혁신 준비가 되어 있어야 한다는 것이다. 병원의 오너인 원장이 병원의 사명(미션, 핵심가치, 비전)을 정하고 선포해야 한다. 포스터나 액자를 만들어 눈에 보이는 곳에 걸어놓아라. 이런 일련의 활동에 시간이 필요하다. 그렇게 적어 놓은 문구를 보면 원장과 직원들은 이전에 생각하지 못했던 혁신의 구체적인 실행방안을 생각해 내기도 한다. 그에 더해 자연스러운 실천도 동반한다.

나는 첫 사회생활을 치과 장비업체에서 시작했다. 그때 담당했던 거래처 중 혁신을 하고 있던 치과를 기억한다. 그 치과의 출입문 안쪽에는 "만족하셨으면 주변 사람에게 저희 치과를 알려 주시고, 만족하지 못했으면 원장에게 말씀해 주시면 고치겠습니다."라는 문구가 커다랗게 적혀 있었다. 문구 하나에 병원을 고객중심으로 운영하겠다는 원장의 철학이자 작은 혁신이 담겨 있었다. 경험이 많지 않은 30대 초반의 여자원장에, 건물의 접근성이 좋지 않음에도 그 치과는 지역 내 1등 치과였다. '고객중심'의 혁신을 실행했기 때문이다. 나는 의료계에 필요한 혁신이 고객중심에서 시작한다고 생각한다. 아직도 의료계는 바꾸는 것에 대한 거부감이 남아 있다. 하지만 바뀌지 않으면 성장할 수 없다. 때로는 생존을 생각해야 한다.

병원이 잘되고자 하는 목적의 컨설팅을 진행하다 보면 원장은 관찰자만 되려는 경우를 종종 본다. 직원들의 변화만으로 병원의 혁신이 가능하다고 믿는 모습은 안타깝다. 원장이 빠진 혁신은 고객에 대한 기만이다. 원장이 빠진 고객중심이란 완성될 수 없다. 설령 된다고 하더라도 진심이 빠졌기 때문에 유지할 수 없다. 원장이 주도해야 하는 이유는 진료의 가치는 원장과 환자의 선량한 약속을 필요로 하기 때문이다.

많은 병원은 마케팅이 어렵다고 말한다. 하지만 병원만큼 마케팅에 적합한 곳도 없다. 마케팅을 무엇이라 생각하는가? 광고라고 생각하는가? 홍보라고 생각하는가? 아니면 환자관리라고 생각하는가? 내 생각에 마케팅은 약속이다. 고객을 존중하는 마음이다. 고객에게 잘하려는 태도다. 고객이 잘되게 하기 위한 행동이다. 그렇기 때문에 원장과 환자의 선량한 약속은 마케팅을 잘할 수 있는 조건이 되기에 충분하다.

얼마 전 내가 일하고 있는 치과에서 임플란트 고객을 위한 구강관리키트를 만들었다. 직원들과 키트의 구성을 논의하다가 혀 클리너에 관한 의견이 나왔다. 혀에 치태가 생기고, 그것이 충치와 구치를 유발하기 때문에 제거해야 한다는 정보를 알고 있던 나는 양치질 할 때마다 칫솔을 이용해서 혀의 치태를 제거하는 데 만족했다. 혀 클리너의 필요성을 알지 못했다. 오히려 혀 크리너가 있으면 칫솔 통에서 거치적거리기만 할 것이라는 생각이 있었다. 원장은 내게 혀 크리너를 사용해 보기를 권했다. 그날 저녁 내 혀에 그렇게 많은 치태가 있다는 사실을 처음 알게 되었다. 치태가 칫솔질로는 잘 제거되지 않는다는 사실도 처음 알았다. 지금은 아침, 저녁 양치질 이후 꼬박꼬박 혀 크리너를 사용하고 있다.

진료 후 관리가 더욱 중요한 임플란트 환자에게 치태가 없는 구강상태를 유지시키는 것은 매우 중요한 일이다. 그러므로 임플란트 환자를 위한 구강관리키트에는 혀 크리너가 꼭 필요한 품목이다. 뿐만 아니라 양치질을 할 때 잇몸까지 양치질을 하면 좋다는 것을 아는 사람이 얼마나 될까? 나 역시도 몇 년 전까지는 양치질 할 때 그 사실을 알지 못했다. 치과에서 무려 10년 이상 근무했음에도 말이다. 이처럼 고객에게 필요한 정보를 제대로 알리는 것도 작은 혁신이다.

병원의 혁신을 막는 가장 큰 원인은 병원문화다. 혁신에 대해 생각할 때 시스템보다 사람에 집중한다. 문제가 발생하면 근본적인 대책을 찾지 않고 그 일을 한 사람만 찾는다. 이는 근본적인 해결책이 될 수 없다. 시스템의 원인을 찾아 해결해야 한다. 시스템 해결방식은 하책, 중책, 상책으로 구분할 수 있다.

흔하고 쉬운 예로 '병원 청소가 안 되는 문제'가 발생했다고 가정해보자. 먼저, 하책은 문제에 따른 해결방안을 찾아 선택하는 것이다.

1. 직원들의 출근시간을 조정한다.
2. 청소를 잘하는 직원에게 인센티브를 제공한다.
3. 청소를 외주업무로 전환한다.

그러나 세 가지 모두 혁신이라 할 수 없다. 추가적인 문제발생 요소가 있는 한 완전한 해결책이 아니다.

두 번째, 중책은 문제의 원인을 면밀히 검토해 최적의 방안을 찾는 것이다. 청소가 안 되는 주요원인이 청소 자체의 문제보다는 진료 중간에 관리 문제이므로 관리자가 체크리스트를 만들어 오전 중간, 오후 중간에 점검해 해결한다.

마지막 세 번째, 상책은 문제에만 매달리는 것이 아닌 병원의 기본원칙과 해결방향을 제시하는 것이다.

우리가 하는 업무는 의료업이고, 의료의 본질이 병을 낫게 해주는 것인 만큼 병원 청결은 기본이다. 특히, 청결한 병원이 우리병원의 5대 사명 중 하나임을 감안하면 불결한 병원으로 인해 불안하고 불편한 환자들의 마음을 해소시킬 방안을 찾아야 한다. 구체적인 해결책은 관리자에게 위임한다. 이렇게 상책은 업무를 진행함에 있어서 원치과 방향을 제시할 수 있기 때문에 실행과 혁신에 유연한 상황이 된다.

이렇듯 병원에서 실행할 수 있는 쉽고도 구체적인 혁신방법은 위임이다. 진료는 안정성이 중요한 업무다 보니 진료 이외의 업무까지도 승인과정이 복잡한 병원이 많다. 그러므로 원장이나 관리자는 사전에 위임의 범위와 대상을 구체적으로 정리할 필요가 있다. 데스크 직원에게 필요한 사무용품조차 원장의 주문이나 승인이 필요한 것은 적절하지 않다. 담당직원의 위임 범위를 정하면 원장 대부분은 위임에 동의한다. 그러므로 사전에 모든 직원을 대상으로 업무에 따른 적절한 위임을 정해 놓는 것이 좋다. 직원에게 먼저 권한을 주어야 능동적인 역할을 요구할 수 있다.

권한이 주어진 직원은 업무 시간을 효율적으로 사용할 수 있기 때문에 혁신을 찾을 원동력을 얻을 것이다. 원장이 할 일은 직원에 대한 믿음과 권한 위임의 구체적인 실행원칙을 점검하는 일이다. 처음에는 문구류 월 5만원 한도로 시작해 보라. 신뢰가 쌓이면 영역과 금액을 높이면 된다.

내가 돕고 있는 치과에서 치과재료는 직원들이 주문한다. 예전에는 오프라인 치과 재료업체에 원장과 내가 물건을 주문했지만 지금은 직원들이 온라인을 통해서 가장 저렴한 곳을 찾아 주문한다. 요즘은 너무 많은 거래처를 두려고 하는 직원들의 노력을 말리는 수준이다. 관리자인 나의 입장에서는 관리에 소모되는 비용까지도 감안해야 하기 때문이다.

예를 들어, 접수해야 할 환자가 줄을 서고 있음에도 직원이 온라인에 시간을 쓰고 있다면 병원 입장에서는 이익이 아니라 손해다. 신환이 들어왔음에도 유리창만 닦고 있는 직원은 업무의 원칙과 우선순위를 알지 못하는 직원이다. 이런 직원들에게는 스스로 판단할 수 있을 때까지 원장과 관리자의 지원이 필요하다. 업무의 우선순위를 정할 수 있는 능력이 당신이 시니어인지, 주니어인지를 결정할 수 있는 기준이 된다.

이와 같이 혁신은 큰 것이 아닌 작은 것부터 실행해야 한다. 그리고 쉽게 변하지 않는다고 해도 인내하며 원칙을 하나하나 세우고 직원 개개인의 습관이 되어야 한다. 그렇게 쌓인 혁신은 쉽게 무너지지 않는다. 어느 순간 병원의 문화가 되어 건강한 조직이 되어 있음을 보게 될 것이다. 때로는 답을 알더라도 참고 기다려야 할 때도 있다.

우리병원만의
대표상품을 만들어라

병원에서의 진료는 대동소이한 경우가 많다. 사람의 몸은 대부분 차이가 없기 때문이다. 게다가 건강보험 진료에 해당하는 진료는 진단이 내려진 이후 일정한 범위 안에서 표준화된 진료를 해야만 하는 경우도 있다. 그러다 보니 병원에서 상품을 만드는 자체가 생소할 것이다. 그렇지만 환자들의 입장에서 바라보면 이전에 생각하지 못했던 가치를 발견할 수 있다.

오래 기다리는 환자들을 위한 잇몸 맛사지 서비스가 인기가 좋아 상품으로 만든 일이 대표적이다. 잇몸을 일반칫솔로 닦는 수준이 아닌 잇몸 맛사지용 2줄모 칫솔을 이용해서 환자의 잇몸을 마사지하듯 청결하게 해주는 서비스다. Y치과에서는 비슷한 서비스를 '페리오 스파'라는 상품명까지 만들어 환자에게 제공하고 있다. 진료 위주의 치료가 아닌, 예방 위주의 치료가 트렌드임을 감안할 때 앞으로 더욱 많은 치과에서 비슷한 진료를 시행할 것이라 생각된다.

그런가 하면 몇 년 전부터 보험청구가 가능한 스케일링의 경우에도 치과의 대표상품으로 특화한 치과가 생겨나고 있다. 스케일링을 받아본 사람이라면 통증을 떠오르게 하는 초음파 스케일러의 진동소리를 듣는 것만으로도 고역이다. 이 점에 착안해서 아프지 않게 스케일링을 해주는 치과들이 늘어나고 있다. 치아에 붙어 있는 치석을 제거해야 하는 진료의 특성상 모든 통증을 없앨 수는 없겠지만 통증을 줄여주는 노력은 다양한 방법으로 시도되고 있다.

마취 가글액을 스케일링 전에 머금어 스케일링 시 치아와 잇몸의 통증을 줄여주는 방법이나, 아예 마취제로 마취를 한 다음 스케일링을 진행하는 경우도 있다. 뿐만 아니라 소리에 대한 공포를 줄여주기 위해 스케일링 받는 동안 헤드폰을 이용해 좋아하는 음악을 들려주게 하는 서비스를 제공하는 치과도 있으니 그 확장영역은 어디까지일지 궁금하기도 하다.

지금은 많이 시행되고 있지 않지만 많은 치과에서 의료용 레이저가 보급되던 시기에는 레이저를 이용한 스케일링이 유행처럼 시술되던 시기도 있었다. 요즘에는 대학병원을 중심으로 많은 치과에서 스케일링을 전문적으로 시술하는 스케일링 센터를 설치하여 운영하고 있다. 이러한 이유는 대다수의 치과진료를 위한 사전 준비목적의 스케일링뿐만 아니라 치주질환 및 예방차원의 스케일링 진료의 수요가 증가함에 따라 생겨난 것으로 볼 수 있다.

대표상품을 새로 만들어 내야 한다고만 생각할 필요는 없다. 현대자동차는 1999년 당시 업계에서는 혁명적이라 할 수 있는 10년 10만마일(16만㎞)의 품질보증기간으로 미국의 신차 시장점유율을 10년 만에 400% 성장 시켰다.

병원에서도 진료의 보증기간을 통해 대표상품을 만들 수 있다. 지금은 건강보험 급여가 되어 진료의 보증기간이 정해져 있지만 비 급여 항목으로 진료가 시행되던 치아 홈 메우기 진료의 경우가 그렇다. 내가 근무하던 치과에서는 치아 홈 메우기가 자주 떨어지는 것에 착안해 시술비용과는 별도로 수년간 한 번 치료한 치아의 치아 홈 메우기 진료를 상품으로 제공했다. 당시 어린이의 구강관리에 관심이 많은 신도시 엄마들을 대상으로 상품에 대한 설명을 하고, 자녀가 받은 진료에 대해 1회성으로 그칠 것인지, 일정기간 병원에서 보증할 것인지를 고를 수 있게 보증기간을 상품으로 제공한 것이다. 시대의 큰 트렌드인 치과 예방 진료의 경우에도 다양한 형태로 상품화 될 수 있다.

그런가하면 진료가 가능한 시간이나 요일, 진료에 소요되는 시간을 조정하여 대표상품으로 만든 사례도 있다. 직장인을 위한 야간진료나 평일 진료가 어려운 환자를 위해 주말, 공휴일에도 진료로 가능하다면 기존에는 병원을 이용할 수 없었던 바쁜 직장인이나 맞벌이 부부 등에게도 상품을 제공할 수 있게 된다.

  간식이나 과일을 제공해 고객을 감동시키기도 한다. 또, 치과의 기공물 제작에 수일이 소요된다는 것에 착안하여 기공물을 CAD/CAM 장비를 이용하여 바로 제작하여 당일에 진료를 마무리해주는 1회 방문 진료를 상품화한 치과도 있다.

  우리병원 대표상품을 기획할 때 필요한 것은 무엇일까? 우선은 우리 병원의 이용고객을 분석해야 한다. 주 연령층은 어떤지, 기본적인 니즈는 무엇인지, 그리고, 고객도 알지 못하지만 필요한 진료는 무엇인지를 파악하는 것이 필요하다. 그리고 이후에는 그 상품을 제공하기 위해 필요한 인력이나 공간, 예산이 필요한지 검토할 필요가 있다. 이 과정까지 해결된다면 환자를 위한 좋은 상품을 만드는 것이 불가능 일이 아님을 알 수 있을 것이다. 게다가 병원이 지향하는 방향에 맞는 대표상품을 기획하는 것이 장기적으로 병원을 성장시키는데 도움이 된다. 노인 보험 임플란트에 관한 장기 마케팅 계획이 있는 치과라면 지금은 나이가 되지 않아 혜택을 받지 못하는 환자들에게 혜택을 받을 수 있는 정확한 시기와 정책이 바뀌는 경우 다시 안내하는 것만으로도 환자에게는 좋은 치과로 기억에 남을 수 있다.

  치아 살리기 운동에 앞장서는 치과일수록 임플란트 환자가 많고, 잇몸 살리기에 앞장서는 치과일수록 치주질환치료가 필요한 환자가 많은 법이다. 소아 치과를 운영하는 치과라고 한다면 임산부를 위한 구강관리 프로그램을 만드는 것도 좋은 방법이다. 임산부가 낳은 아기가 18개월이 되는 순간부터 치과에서는 영유아 구강검진 고객이 될 수 있다.

나는 전국 프랜차이즈 병원인 예치과에 근무하면서 병원의 상황에 따른 기획이 왜 달라야 하는지 경험하게 되었다. 당시 예치과의 신환 응대 프로세스는 환자가 병원에 방문한 첫날은 환자의 상황을 제대로 진단하고, 원장은 이를 바탕으로 원장은 환자의 자료를 취합하여 별도의 날짜, 상담시간을 통해 환자에게 정밀진단 결과를 통보해 주는 것이었다.

그런 가운데 지방의 예치과를 방문해 그곳의 신환 응대 프로세스를 접하게 되었다. 그곳에서는 프랜차이즈 신환응대방식이 아닌 당일검사, 당일상담, 당일진료의 프로세스를 채택하여 운영하고 있었다. 이유를 물어보니 내원하는 환자들의 상당수가 먼 거리에서 3~4시간의 시간을 들여 일부러 치과를 찾아오는 고령의 환자이므로 당일 상담이나 진료를 진행하지 않으면 길에서 낭비하는 시간이 너무 많아 힘들다는 것이었다. 먼 거리에서 오는 환자를 위한 당일진료를 대표상품으로 만든 것이다. 이렇게 같은 간판을 걸고 동일한 서비스를 제공하는 같은 프랜차이즈라도 지역이나 환경에 따라 상품이나 프로세스가 다를 수 있는 것이다.

요즘 마취통증의학과가 많이 사라진 이유도 관절, 척추 진료전문 병원에서 연관된 통증 의학 관련 진료를 대표상품으로 만든 것이 큰 이유이다. 한의계가 어려운 요즘, 예전처럼 모든 진료를 하는 한의원보다는 전문영역의 진료를 표방하는 한의원이 느는 것도 이제는 소비자에게 병원을 알려야 하는 시대로 접어들었기 때문이다. 나의 경우에도 코감기에 걸리면 이비인후과와 함께 코X 한의원을 먼저 고려하는 상황이고, 간호사인 아내의 경우에도 막내딸의 영양제를 고민할 때 양약과 더불어 H소아 한의원을 고려하는 만큼 한의원의 전문 진료화는 많이 발전된 상태이다. 의료계의 전반적인 침체로 이와 같은 진료세분화, 전문화 경향은 앞으로도 더욱 가속화 될 것으로 보인다.

병원이 많지 않았던 시절에는 병원의 존재나 병원의 진료과목 자체가 대표상품이었으나 병원이 많아진 지금의 환자들은 병원이나 진료과목을 스스로 선택한다. 이에 따라 병원이 추구하는 것과 타깃 고객에 대한 고민을 바탕으로 그 병원에 맞는 대표상품을 만들어야 한다.

우리 병원만의 차별화된 고객경험을 제공하라

우리 병원만의 차별화된 고객경험을 제공하라

최근 고객만족(이하 CS customer satisfaction)을 넘어선 고객경험관리(이하 CEM Customer Experience Management)가 발전하며 의료계에도 폭넓게 활용되고 있다. 국내에서도 다양한 연구가 진행되고 있으나 미국의 경우 2002년도에 이미 정부차원의 HCAHPS(Hospital Consumer Assessment of Healthcare Providers and Systems)가 개발되어 2008년부터는 미국의 보건부 홈페이지에서 결과를 공개하기 시작했으며 JCI(Joint Comminssin International) 인증평가에서도 HCAHPS를 적용하는등 CEM에 관한 영역은 앞으로 지속적인 확대와 중요성을 가질 것이다.

다음은 현재 미국의료공동위원회(https://www.jointcommission.org/)에서 제공하고 있는 HCAHPS의 주요 질문내용이다.

- 원장과는 의사소통이 잘되셨습니까?
- 간호사와는 의사소통이 잘되셨습니까??
- 도움이 필요할 때, 의료진으로부터 신속하게 도움을 받았습니까?
- 통증을 잘 조절해 줍니까?
- 투약 전에 의약품에 대한 설명을 잘 해 줍니까?
- 병실은 쾌적합니까?
- 야간에 병실은 조용하게 유지됩니까?
- 퇴원할 때에 퇴원생활에 대해 충분한 설명을 받았습니까?
- 병원에 대한 전반적인 평가(0~10)를 해 주십시오.
- 다른 사람들에게 이 병원을 이용하도록 권유하겠습니까?

고객은 이에 대해 '항상 그렇다', '통상적으로 그렇다', '가끔 그렇다', '전혀 그런적이 없다' 등으로 답한다.

오바마 케어라고도 불리는 미국건강보험에서는 HCAHPS를 활용해 임상성과와 환자경험 지표를 8:2의 가중치로 반영할 것을 명시하고 있다.

대만은 우리나라 건강보험과 유사한 '전민건강보험'에서 매년 상·하반기에 환자만족도 조사 결과를 반영한 인센티브를 의료 기관에 지급하고 있으며 인센티브 예산은 보험급여 총액예산과 별도로 책정될 만큼 CEM를 적극적으로 활용하고 있다.

우리나라에서도 2012년 3월 건강보험공단이 서울대학교 보건대학원 조병희 교수팀에게 '대국민 의료서비스 만족도 조사 도구 개발' 연구용역을 맡긴 것이 공공의료정책에서 CEM을 도입한 시작이다. 2016년 건강보험공단 심사평가원에서는 위원회를 설치하여 고객경험관리와 관련된 항목 선정을 놓고 대한의사협회와 논의하였다. 이후 보건복지부와 국민건강보험공단 심사평가원은 2017년(1차) 환자경험평가를 실시했다. 상급종합병원 및 500병상 이상 종합병원 95개소(2017년 3월 기준)를 대상으로 만 19세 이상 성인으로 1일 이상 입원하였던 환자 본인(퇴원 이후 2일~56일(8주) 사이 환자)에게 2017년 7월~10월(입원청구 접수일 기준) 기간동안 환자경험평가를 진행하였다. 2018년 8월 10일 발표된 주요 사항은 다음과 같다. (자료제공 보건복지부 2018년 8월)

http://www.mohw.go.kr/upload/viewer/skin/doc.html?fn=1533789280741_20180809133440.hwp&rs=/upload/viewer/result/202202/

1. 평가내용

평가 영역		문항 내용	비고
입원경험	간호사 서비스 (4문항)	• 존중/예의 • 경청 • 병원생활 설명 • 도움 요구 관련 처리 노력	4점 척도
	의사 서비스 (4문항)	• 존중/예의 • 경청 • 의사와 만나 이야기할 기회 • 회전시간 관련 정보 제공	
	투약 및 치료과정 (5문항)	• 투약/검사/처치/관련 이유 설명 • 투약/검사/처치/관련 부작용 설명 • 통증 조절 노력 • 질환에 대한 위로와 공감 • 퇴원 후 주의사항 및 치료계획 정보 제공	
	병원환경 (2문항)	• 깨끗한 환경 • 안전한 환경	
	환자 권리보장 (4문항)	• 공평한 대우 • 불만 제기의 용이성 • 치료 결정 과정 참여 기회 • 신체 노출 등 수치감 관련 배려	
전반적 평가 (2문항)		• 입원 경험 종합 평가 • 타인 추천 여부	11점 척도
개인특성 (3문항)		• 입원경로(응급실 경우 여부) • 주관적 건강수준 • 교육수준	보정 변수 검토

1) 전화조사 현황

• 조사개요

    − (조사기간) 2017년 7월 17일~11월 14일(4개월)

- (계약체결) 일반 공개 경쟁 및 협상에 의한 방식
- 조사관리
    - (조사요원) 공공분야 3대 평가(공공기관 만족도, 체감도, 청렴도) 조사 경험자
        → 1일 평균 30명 투입, 조사기간 중 면접원 변경 없음
        → 면접원 무작위 배정 (기관별 조사원 1인 점유율 4.5%)
    - (면접관리) 면접원 교육 및 통화 품질 확인, 전화내용 검증 및 피드백
    - (신뢰도점검) 평균응답시간 대비 상·하위 25%, 동일척도 응답 70% 이상, 무응답·해당없음 20% 이상인 경우 우선 검증
- 조사결과
    - (응답률) 평균 10.7% (145,775건 중 15,650건 전화완료)
    - (조사완료율) 목표대비 98.2% (목표 15,250명, 조사 완료 14,980명)
    - 전화조사완료 1만 5,650건 중 신뢰도 점검을 통해 670건 탈락 처리
- (표본의 신뢰도) 상대표준오차 평균 1.81%

* 상대표준오차: 추정량(평균값)이 얼마나 변동이 될 수 있는지 가늠하는 척도로 변동이 안 될수록 안정적이며, 값이 작을수록 믿을 만한 값임

기준:14,970명, 단위: 점

평가 영역		번호	세부 설문문항	설문 문항	
				평균	순위
입원경험	간호사 서비스 88.8	1	존중/예의	89.9	1
		2	경청	89.3	2
		3	병원생활 설명	87.3	7
		4	도움 요구 관련 처리 노력	88.9	3
	의사 서비스 82.3	5	존중/예의	88.8	4
		6	경청	88.8	5
		7	의사와 만나 이야기 할 기회	74.6	20
		8	회진시간 관련 정보 제공	77.0	19
	투약 및 치료과정 82.3	9	투약·검사·처치 관련 이유 설명	83.0	14
		10	투약·검사·처치 관련 부작용 설명	81.6	16
		11	통증조절 노력	84.1	11
		12	질환에 대한 위로와 공감	78.2	18
		13	퇴원 후 주의사항 및 치료계획 정보제공	84.9	9
	병원 환경 84.1	14	깨끗한 환경	83.1	13
		15	안전한 환경	85.1	8
	환자 권리보장 82.8	16	공평한 대우	87.6	6
		17	불만 제기의 용이성	73.0	21
		18	치료 결정 과정 참여 기회	79.7	17
		19	신체 노출 등 수치감 관련 배려	84.8	10
전반적 평가 83.2		20	입원경험 종합 평가	83.8	12
		21	타인 추천 여부	82.6	15

〈표1〉 평가영역 및 문항별 점수 현황

2) 전체 평가 현황(1만 4,970명)

- 분석 방법

  - (분석 대상) 평가대상 환자 14,970명 응답자료(전화완료 14,980명 중 극단값 10명 제외)

- (문항별 점수) 선형화 점수 부여, 무응답 결측(missing) 처리

    ※ 4점 척도: 0/33/67/100점, 11점 척도: 0~100점, 10점 단위 점수

- (평가영역 점수) 평가영역 해당 문항 점수의 산술평균
- (종합점수) 전체 설문문항(Q1~Q21) 점수의 산술평균

- (종합점수) 평균 83.9점
- (평가영역) 입원경험 평균 82.3점~88.8점, 전반적 평가 평균 83.2점
- (설문문항) 최고 89.9점, 최저 73.0점

기준: 92개소·6개 평가영역, 단위: 점

평가 영역		평균값	표준편차	최솟값	최댓값	범위 (최대최소)	Q1	중위수	Q3	IQR (Q3-Q1)
입원경험	간호사 서비스	88.7	(2.6)	81.8	93.8	11.9	87.0	89.0	90.6	3.6
	의사 서비스	82.4	(2.8)	76.2	89.9	13.7	80.4	82.5	84.3	3.9
	투약 및 치료과정	82.4	(2.5)	74.3	90.1	15.9	80.9	82.5	84.0	3.1
	병원 환경	83.7	(5.1)	63.4	92.6	29.2	80.4	83.5	88.3	7.9
	환자 권리보장	81.2	(2.5)	74.5	88.4	13.9	80.0	81.1	82.2	2.2

〈표2〉 요양기관별 평가점수 현황

기준: 92개소·6개 평가영역, 단위: 점

점수 구간 (이상~미만)	입원 경험					전반적 평가
	간호사 서비스	의사 서비스	투약 및 치료과정	병원환경	환자권리 보장	
평가영역별 평균점수	88.7	82.4	82.4	83.7	81.2	83.0
90점 이상	30	–	1	9	–	1
85점 이상~ 90점 미만	56	17	10	29	6	26
80점 이상~ 85점 미만	6	58	65	32	62	47
75점 이상~ 80점 미만	–	17	15	20	23	17
70점 이상~ 75점 미만	–	–	1	1	1	1
65점 이상~ 70점 미만	–	–	–	–	–	–
60점 이상~ 65점 미만	–	–	–	1	–	–

〈표3〉 6개 평가영역별 요양기관 분포

3) 요양기관별 현황 – 92개소

- 분석 방법
  - (분석 대상) 상급종합병원 및 500병상 이상 종합병원, 92개소
  - (환자구성 분포보정) 병원별 환자구성이 다름을 반영하기 위해 분포 보정 실시
  - 성별(2)×연령(3)×응급실 이용여부(2)×주관적 건강상태(2)

※ 성별(남/여), 연령(65세미만/65세이상), 주관적 건강상태(좋음/보통·나쁘다), 응급실 이용 여부(Y/N)
- 환자그룹별 가중치 적용 (전체 응답자의 비율/개별 의료기관 비율)
- 가중평균 점수 산출
- (평가영역 점수) 평가영역 해당 문항 점수의 산술평균

- 92개 병원의 평가영역별 평균 점수는 81.2~88.7점으로, 간호사 서비스가 가장 높고 환자권리보장이 가장 낮게 나타남
  - 과반수 요양기관이 평가영역별 점수 80점 이상에 분포

보건복지부는 위 자료를 통해 의료서비스를 이용하는 환자의 의견과 가치가 존중되는 '환자 중심의 의료문화' 확산과 '국민이 체감하는 의료 질' 향상을 위해 실시하였다고 명확히 목적을 밝혔으며 "앞으로도 의료계, 환자·소비자, 학계와 함께 지속적으로 보완하면서 평가를 진행할 예정이다."라고 당시 평가를 총괄했던 홍정기 보험평가과장이 밝혔다.

이처럼 환자중심의 의료서비스는 피할 수 없는 큰 흐름이 되었고 중소형 병원에도 점차 확산될 것으로 보인다.

나 역시 2012년 서울대학교 보건대학원 보건의료정책 최고위과정 지도교수였던 조병희 교수를 통해 간접적으로나마 건강보험공단이 환자의 경험을 적용하는 정책개발에 나섰다는 설명을 들었다. 이러한 환

자만족도 설문조사를 통해 이용자들에게는 더 좋은 의료 기관을 선택하는데 도움을 주고, 의료공급자들은 병원 간 서비스 질의 벤치마킹을 통해 성장하는 계기가 될 것이다.

이곳에 모든 내용을 기재하기는 어려우니 몇가지 항목만 공개하겠다. 치료 후 결과 만족도 조사결과 '항상 그랬다(만족한다)'라는 항목이 치과의원(61.9%), 병원외래(45%), 의원(36.4%), 병원입원(30%), 한의원(10%) 등의 순으로 나왔으며, '담당 의사(약사)를 신뢰할 만한가'라는 질문에 '항상 그랬다(만족한다)'라는 항목역시 치과의원(71.4%), 병원입원·외래는 공통으로(70%), 의원(63.6%), 약국(36.4%), 한의원(35%)순이었다. 아무래도 치과의원이 일반병의원에 비해 비급여가 차지하는 비중이 높고 경쟁이 심하다 보니 나온 자연스러운 결과로 보인다.

의료계에서는 서비스라는 말조차도 금기시 되던 1992년에 이미 고객중심을 표방하는 예치과가 개원했다. 예치과는 환자를 환자고객이라고 호칭하는 등 기존 패러다임의 변화를 추구했으며, CS와 고객접점응대(MOT: Moments of Truth), 병원코디네이터, 메디컬 컨시어지 제도 등의 고객중심 서비스를 처음 도입했다. 나도 2008년부터 4년간 예치과에 근무하며 예치과의 앞선 정책과 함께 병원경영에 대한 다양한 성공, 실패사례를 경험할 수 있었다. 이때 겪은 다양한 고객경험 사례를 통해 치과는 물론, 한의원과 요양병원, 동물병원에서 CEM을 할 수 있었다.

치과진료는 의과 진료와 달리 진료시 환자에게 사용하는 기구가 많다. 그러다 보니 진료 중 기구를 바닥에 떨어뜨리는 일이 가끔 일어난다. 환자는 누워서 진료 받는 상태인데다 감염의 위험과 시각적인 안정을 위해 구멍포를 덮고 있어서 볼 수는 없지만 소리를 통해서 진료용 기구가 떨어졌다는 것을 알 수 있다. 이때, 진료를 돕는 직원이 떨어진 기구를 다시 소독하기 위해서 공급실로 보내고 새로운 기구로 환자의 진료를 진행하게 된다. 그런데 중요한 것은 진료를 돕는 직원이 "기구를 새것으로 바꾸어 드리겠습니다."라는 말을 하느냐, 하지 않느냐에 따라 진료를 받고 있는 환자의 마음이 달라질 수 있다는 사실이다.

이런 이야기를 많은 치과에서 하게 되면 그런 당연한 것을 구태여 왜 말하느냐고 하는 경우도 있다. 하지만 대부분의 잘되는 치과는 그런 멘트를 당연하게 여긴다. 차별화된 서비스란 다른 사람들이 상상할 수 없는 엄청난 서비스가 아니라, 다른 곳에서는 생략되는 것을 제공하는 것이다.

진료 전 환자의 입장에서 먼저 생각하고 그런 걱정과 염려를 줄이려는 노력은 가치 있는 일이다. 수년 동안 치과들을 모니터링 한 결과, 기본적인 진료인 스케일링만 받아 보아도 그 곳의 서비스 수준을 알 수 있다. 진료테이블에 피가 묻은 진동 스케일러 팁을 본 적도 있고, 소요 시간을 말해주지도 않은 상태에서 30분 이상 스케일링을 받아본 기억도 있다. 나는 축농증이 있어 구강호흡을 하는데, 치위생사가 자신에게 미리 말하지 않았다고 화를 낸 적도 있다. 스케일링 도중 사라진 치위생사가 한참 지난 후에도 나타나지 않더니 다른 치위생사가 나타나 별다른 설명은 하지 않고 남은 스케일링을 진행한 경험도 있다. CEM을 도입한다면 이와 같은 나쁜 경험은 충분히 개선할 여지가 있다.

더불어 병원에서 자주 하게 되는 실수 중에 하나가 환자 앞에서 직원들끼리 대화를 나누는 것이다. 환자는 구멍포를 덮고 있느라 앞이 보이지 않기 때문에 귀에 들려오는 모든 소리가 평소보다 크게 들린다. 대화하는 직원들은 큰 의미를 두지 않을 수도 있으나 환자와 상관없는 이야기를 할 때 환자는 자신에게 집중하고 있지 않다는 의심이 든다. 또, 환자 주변에서 교육을 할 때도 있는데 환자는 진료하는 사람이 준비가 된 사람으로 여겨져 불안을 느낀다. 시야는 가려져 있지만 앞으로 지나가는 기구들의 실루엣이 느껴질 때도 있다. 가끔씩 기구를 환자 가슴에 떨어뜨리기도 한다. 황당한 일이다.

이런 것들을 미리 대비하고 준비하는 것이 서비스의 첫 단추다. 병원에서의 진료과정을 점검하고, 고객의 입장에서 불편할 것들을 해소하는 것이 고객에게 차별화된 서비스를 제공하는 것이다.

고객들이 자주하는 클레임이 있다면 클레임을 아예 없앨 수 있는 방법을 찾아야 한다. 클레임은 아니지만 화장실이 어디냐고 묻는 고객이 많은 병원이라면 화장실을 쉽게 안내할 수 있는 방안을 모색해야 하고, 주차에 관한 질문이 많다면 주차이용 안내에 관한 정보를 사전에 제공하는 것도 좋은 서비스다.

병원 대기실에 가 보면 원장님의 프로필과 병원의 경영철학을 잘 정리해서 게시하는 경우도 많이 있는데 이것 자체가 없는 병원과는 당연히 차별된다. 많은 병원들은 원장이 무엇을 잘하는지 생각이 어떤지에 대해서 환자에게 정보를 제공하지 않고 있다. 반면, 원장의 프로필과 경영철학을 알리는 병원의 경우에는 원장을 포함한 병원의 모든 직원이 경영철학을 실천하며 노력하는 모습으로 업무에 임할 것이다.

몇 년 전에 TV 고발 프로그램을 통해 일부 치과의 과잉진료 문제가 사회적 이슈가 된 적이 있다. 과잉진료의 폐해로 많은 환자들이 헛된 곳에 돈을 쓰고 치아건강까지 문제가 된 상황이었다. 큰 사회적 이슈가 되었으니 그럴 만도 했다. 어떻게 하면 환자들을 안심시킬 수 있을까 생각하던 중 캠페인을 벌이자는 의견이 나왔다.

우리 치과는 곧장 '과잉진료 안하는 좋은 치과 만들기' 캠페인을 실시했다. 우선 팝업배너를 만들어 인터넷 홈페이지에 올리고, 병원 블로그에도 노출시켰으며, 배지를 만들어서 원장부터 코디네이터까지 명찰 아래에 착용하고 근무했다. 그러자 과잉진료에 관해 묻는 환자가 현저히 사라졌다. 환자들은 우리치과가 과잉진료하지 않는 병원일 것이라고 믿게 되었고, 원장을 포함한 직원들도 캠페인을 실천하려 한 번 더 설명하는 등 다양한 노력을 했다. 사회적 이슈에 대해 병원이 성의를 갖고 대응 한 것이다.

이렇듯 CEM을 통해 환자들이 갖고 있는 기본적인 니즈를 넘어선 그 이상의 원츠를 파악하고 차별화된 서비스를 제공하는 것은 병원의 단순한 경쟁력만을 위한 것이 아니라 CS에 필요한 당연한 사항이다. 최근에는 국가제도 전반에도 CEM 적용을 검토하고 있는 상황 인만큼, 차별화된 서비스는 이제 선택이 아닌 병원 생존의 필수적 요소다.

2,000만 SNS 시대, 고객에게 응답하라

언젠가부터 병원 환자대기실에 신문이 없어졌다. 요즘 대기환자들은 스마트 폰을 이용해 인터넷 검색이나 SNS로 시간을 보낸다. 지금 대기실에 필요한 건 신문이 아니라 스마트폰 충전기다. 신환의 경우에는 자신의 질병에 관련된 사항을 잠깐의 시간을 이용해 검색해 보기도 한다. 환자대기실에 인터넷 검색용 PC를 설치했던 10년 전 모습을 생각하면 10년 후 대기실 모습이 궁금해진다. 정보통신의 발달은 우리가 기대한 것 이상의 미래를 만들고 있다.

병원의 경우 사람의 생명을 다룬다는 점에서 안정성이 가장 중요하므로 다른 산업 영역에 비해 기술의 적용이 느린 편이다. 안정성이 확보된 이후에 적용하려는 경우가 많기 때문이다. 그러나 서비스적인 부분에서조차 시대의 변화를 반영하지 않는 모습은 아쉽다. 양방향 소통이 익숙해진 소비자에게 병원이 먼저 다가가지 않는다면 그들의 선택을 받기란 쉽지 않다.

쉬운 예로 진료예약 변경의 경우, 기존의 방식은 환자가 직접 병원에 전화를 걸어 예약일정을 변경해야만 했다. 하지만 요즘은 SMS(Short Messaging Service)나 카카오톡 메신저 서비스를 통해 직접 소통이 가능하다. 그러나 아직까지도 많은 병원들이 인력부족과 시스템을 이유로 이러한 서비스를 제공하지 않고 있다. 결심만 한다면 기존인력과 시스템만으로도 충분히 제공할 수 있다. 고객중심이라는 말은 이때 필요한 것이다.

홈페이지에 실시간 상담코너를 제공하여 실시간으로 환자에게 궁금한 내용을 알려 주거나 진료예약을 해주는 서비스도 있으나 SNS가 익숙해진 요즘에는 카카오톡 ID를 개설해 상담하는 것이 훨씬 효과적이다. 이처럼 고객과의 소통수단을 찾는 것은 그리 어려운 일이 아니다. 물론 병원 규모가 일정 크기 이상이고, 환자응대 채널이 다양할수록 직접 소통의 혼란과 어려움은 발생할 수 있다. 그런 경우라도 ARS 전화 등을 병행하여 운영하면 현실적인 대안이 가능할 것이다.

내가 근무하고 있는 치과의 경우 신환의 첫 예약이 잡히면 환자에게 MMS(Multimedia Messaging Service)를 통해 원장의 사진과 함께 감사인사와 다짐, 약도, 진료시간, 오시는 길, 주차안내등을 제공하고 있다. 특히, 감사인사의 문구를 원장이 직접 진솔하게 작성해 보는 사람들이 호감을 느낄 수 있게 구성했다.

얼마 전 우리 치과를 다녀갔던 친구가 다른 친구에게 이 MMS를 보여주며 이런 것도 보내준다고 이야기를 나누는 모습을 보았다. 친구는 카카오톡을 통해 병원과의 소통이 가능해 궁금한 점이 있을 때마다 실시간으로 물어볼 수 있어서 편리하다고 했다. 이야기를 들은 친구가 우리 치과에 관심을 가진 것은 당연하다.

요즘은 병원과 의사, 병원종사자의 진솔한 삶을 나누는 소통채널로 SNS를 활용한다. 어떨 때는 병원 SNS와 원장의 SNS의 구분이 불필요할 만큼 수시로 소통하기도 한다. 일부 정치인들과 지자체장들이 SNS를 통해 실시간으로 유권자들과 소통하는 것처럼 원장들도 실시간으로 환자들과 소통하고, 환자들이 이에 반응하는 SNS 전성시대다.

SNS는 이용 목적과 형편에 따라 블로그, 카카오스토리, 페이스북, 인스타그램을 선별적으로, 혹은 통합해 운용하는 것이 좋다. 일부 병원에서는 공식블로그를 홈페이지와 비슷한 레이아웃으로 구성해서 사용자가 블로그인지 홈페이지인지 구분이 불가능하게 운영하는 경우도 있다. 쓰는 사람이 익숙하고 관리가 편리한 것이 우선이다. 게다가 홈페이지 주소를 블로그에 링크해서 홈페이지 접속을 선호하는 고객들의 요구에도 적극 부응하고 있다. 이전에는 상상할 수 없었던 기발한 방법이 동원되기도 한다.

좋은 SNS에는 하나의 공통점이 있다. 바로 진솔함이다. 지식 정보화 시대인 요즘은 거의 모든 지식을 검색만으로 알아볼 수 있다. 그렇다 보니 개개인의 경험과 생각이 더 중요한 시대가 되었다. 예전에는 상상할 수 없던 다양한 직업이 넘쳐난다. 먹는 영상을 유튜브에 올려 수만, 수십만 명의 팔로워를 거느린 사람은 물론, 다양한 영역에서의 경험에 많은 사람들이 열광하는 시대다.

SNS에 익숙한 의사들의 페이스북이나 인스타그램을 통한 퍼스널브랜딩도 열풍이다. 수백에서 수천, 수만 명의 팔로워를 보유한 의사들도 있다. SNS를 통해 고객들과 직접 소통함으로 의사이기에 앞서 공동체의 한 사람으로 친근하게 일반인들과 소통하며 자신과 병원을 어필한다. 특히, 의사라는 직업은 일반인에게 생소하기에 의사들의 SNS는 더 관심을 받는다. 여기에 진료실의 에피소드 등이 더해진다면 좋은 홍보가 될 수 있다.

많은 병원들이 홍보의 채널을 찾으려 많은 비용과 시간을 투자한다. 하지만 원장을 포함한 직원들의 삶을 직접 진솔하게 표현하는 것 이상의 방법은 없다. 시대의 흐름에 맞는 SNS가 되었든 자신의 성향에 맞는 SNS가 되었든 중요한 것은 진솔한 모습이다. 고객과 소통하고 싶다는 의지만 있다면 그 수단이 무엇이든 많은 고객들의 호응을 얻을 것이다. 제도와 환경을 탓하기 전에 어떤 방법으로 고객과 소통할 수 있을지를 고민한다면 SNS를 추천하고 싶다.

이제는 모든 고객들이 거의 실시간으로 자신의 궁금증을 해소하고, 물음에 답할 수 있는 제품을 찾는 시대이다. 병원 서비스도 마찬가지다. 앉아서 기다리기만 하면 고객은 오지 않는다. 먼저 고객에게 다가가고, 소통해야 한다. SNS로 소통하는 것을 고객을 모으려는 마케팅적인 차원이 아닌 것으로 여길수록 오히려 좋은 마케팅이 될 수 있다. 이미 많은 고객은 알고 있다. 당신이 전달하려는 내용이 고객을 위한 진심인지, 아니면 단순히 환자를 늘리려는 광고인지를 말이다. 진심을 담아 2,000만 SNS 이용자들과 소통하라. 그리고 응답하라.

PART

04

원장의 경영수준이 병원의 크기를 결정한다

원장의 경영수준이 병원의 크기를 결정한다
자신만의 철학으로 병원을 세워라
의사라면 개원만이 정답이다
원장은 선수이자 코치가 되어야 한다
혁신은 원장으로부터 시작된다
고객 유치보다 고객 유지가 먼저다
병원에서는 원장이 브랜드다

성 공 하 는 병 원 의 7 가 지 비 밀

SECRET

원장의 경영수준이
병원의 크기를 결정한다

,

많은 OECD 국가들의 의료체계는 국가(혹은 공공 부문)에서 의료 기관을 설립해 운영하고 국가가 의료비를 부담하는 방식으로 설계되어 있다. 이들 국가에서는 영리법인 설립 자체가 제한적으로 이루어지고 있다. 미국의 경우 민간 보건의료 체계의 HMO(Health Maintenance Organization, 민간보험 가입자들에게 포괄적인 의료서비스를 제공하는 건강보험을 관리하는 별도기구)에서 관할하고 있다. 이는 우리나라에서 자동차보험이나 화재보험에 가입하는 것처럼 개인의 선택권을 최대한 존중하는 것이다.

미국 공공의료는 오바마 케어로 불리는 환자보호 및 부담적정보험법(Patient Protection and Affordable Care Act, PPAC)과 주정부가 노인들과 빈곤층에 대한 의료보장 등의 프로그램을 제공한다. 지역사회에 대한 봉사

차원에서 비영리법인이 설립된 경우도 있다. 다양한 단체가 비영리 법인을 운영하여 세금 감면을 받거나 정부 보조, 기부금을 받아 민간 보건의료 체계를 지원하는 정도로 이해하면 된다. 이에 따라 미국에서도 실제로 영리법인의 비중이 20%내외로 그리 높지는 않다. 우리나라도 이명박 정부 출범초기 추진하려던 영리 의료법인 설립이 광우병 파동과 함께 미국 의료제도의 모순점이 광범위하게 확산되어 많은 국민들이 반대하고 있는 상황이다. 유럽의 경우에는 기본적으로 공공의료가 주를 이루고 있으나 고급의료서비스를 원하는 수요층을 위해 일부 영리법인을 허용하는 선에서 의료정책이 이루어지고 있다.

싱가포르와 태국은 특수한 사례인데 이들 국가는 의료서비스를 국가적 차원의 수출 품목으로 선정해 법적, 제도적 지원을 하고 있다. 하지만 이는 자국민을 위한 정책이라기보다는 선진의료서비스를 경쟁적인 가격에 제공하여 외국의 환자들을 유치하려는 국가적인 정책으로 이해해야 한다.

우리나라의 경우 전 국민 건강보험 운영으로 정책적으로는 사회보험적인 성격을 갖고 있으나 전체 병원의 90% 이상은 민간이 경영하는 매우 특이한 특징을 갖고 있다. 개인병원을 개업한 원장들이 투자에 대한 책임을 지고, 국가는 보건 의료정책을 만들고 실행하는 방향으로 설계되어 있다. 2000년 이전의 의료 인력과 병원이 적은 구조에서는 의료인들도 밀려드는 환자를 통해 수익을 추구할 수 있었기 때문에 별다른 어려움이 없었다. 그러나 최근들어 병원도 수요보다 공급이 많다 보니 의료분야의 영리화와 과잉진료 문제에 직면하게 되었다.

이러한 구조적 한계가 존재하기 때문에 많은 의사들은 소신진료를 했음에도 병원 간의 경쟁으로 인해 경영이 곤란해지는 상황에 처한다. 또한 건강보험의 정책적 한계로 인해 예방보다는 치료위주의 진료를 하게 되는 악순환이 계속된다.

우리나라에서 원장이 아닌 사람이 병원을 경영할 수 있을까? 쉽지 않은 이야기다. 현행 의료법상 병원은 의료인만 설립할 수 있다. 물론 비영리법인을 설립해 의료기관을 만들 수는 있지만 의료법에서 의료법인의 도입목적이 '의료의 공공성 제고 및 병원의 지역적 편중을 해소하기 위함'에 한정하므로 현실적으로 의료취약지역이 아니고서는 개설이 쉽지 않다. 몇 년 전 지방의 한 부자가 투자목적으로 병원을 설립하는 것이 가능 하느냐는 질문을 한 적이 있어 자세히 알아 본 적이 있다. 궁금해할 독자들을 위해 관련사항을 정리해 보겠다.

우선 의료법인 설립허가 신청서 검토단계에서부터 3가지 검토가 필요하다.

1. 지역적 편중이 어떤지 확인하기 위한 인근 의료수요 및 의료자원 현황, 병원 분포, 규모 등이 적정한가?
2. 병원 확충에 관한 정책적 차원의 타당성이 있는가?

3. 충분한 능력과 재정적 기초가 확립되었는지 심사하는 단계를 거친다.

의료법인을 설립하고자 하는 대부분은 이렇게 설명을 하면 쉽지 않겠다고 포기한다. 이렇듯 병원은 의사가 아닌 사람에게는 쉽게 원장의 역할을 맡기지 않는다. 의료업의 특수한 환경을 고려한 법 취지를 반영한 것이다.

병원이 포화상태에 진입한 요즘에는 의사라도 병원을 크게 개원하기 쉽지 않다. 과거에는 자신의 경영철학을 병원에 도입한 후 성공해 대학병원을 설립한 사례도 있다. 현재 존재하는 국립 대학병원과 종교기관 설립 대학병원, 대기업계열 대학병원 이외의 종합병원의 경우에는 원장이 경영자로서 목표를 이룬 사례라 할 수 있다. 하지만 국내 의과대학(41개), 치과대학(11개), 한의학대학(12개)이 포화상태인 현실에서 더 이상의 대학병원 설립은 어려울 것으로 보인다.

몇 년 전에는 명지의료재단(이사장 이왕준)이 서남대학교 의과대학 우선협상 대상자로 선정되어 서남대학교 의과대학을 인수하는 것으로 진행되었다. 그러나 이마저도 이전 재단과의 경영권 분쟁 등으로 인해 현재는 보류되고 서남대학교 의과대학은 교육부 관선이사가 파견되어 운영되다가 2018년 2월 28일 폐교 되었다. 또한 고려대학교의 경우에도 2010년 세종특별자치시에 치의학 전문대학원 설립을 추진하다가 대한치과의사협회 등의 반대에 부딪혀 무산되었다.

진료수준이 상향평준화된 현재의 상황에서 성공은 원장의 경영수준에 달려 있다고 보아도 무관할 것이다. 이들은 의과대학에서 의사로서 갖추어야 할 전문지식 외에 경영에 관해서는 배운 적이 없거나 많지 않기 때문에 개인의 성향과 노력에 따라 병원 경영의 수준이 달라진다. 개업의들은 원장과 경영자를 분리해서 생각하려는 경향이 있는데 이는 잘못된 생각이다. 환자들의 요구가 바뀌면서 병원도 기업처럼 경영하지 않으면 퇴출되는 시대다. 과거의 안정적인 개원을 생각하고 경영하면 고전할 수밖에 없다.

그나마 다행스러운 것은 다양한 방법을 통해 개업의들이 경영을 배울 수 있다는 것이다. 대한의사협회, 대한치과의사협회, 대한한의사협회등도 경영 관련 분야를 보수교육 강좌에 개설하는 등 실무에서 활용할 수 있는 다양한 경영정보를 제공하고 있다. 또한 10곳이 넘는 대학과 대학원에서 의료경영학과르 전공과목으로 개설하고 있다. 특히, 온라인을 잘 활용하면 큰 비용을 들이지 않고도 자신이 원하는 경영정보들을 배울 수 있다. 온라인카페를 이용하면 다양한 성공 및 실패사례와 더불어 다양한 계층의 구성원들의 관점도 접할 수 있다.

내가 20년 가까이 활동하고 있는 '덴탈위키'라는 네이버카페에서도 초창기에는 진료팀과 데스크 팀에서 근무하는 병원 직원들이 주로 참여했으나 최근에는 경영 관련 관리자나 원장들도 참여하고 있다. 다양한 교육프로그램과 토론, 포럼을 통해 병원근무자는 물론, 관련 종사자들의 교육과 토론 문화를 주도하고 있다.

특히 고무적인 것은 이곳에 참여하는 원장들의 경영에 대한 인식도 예전과는 많이 달라졌다는 것이다. 경영을 공부하는 원장의 병원일수록 진료와 서비스의 수준이 높고 구성원들의 직무만족도도 높은 것을 발견할 수 있다. 특히 눈에 띄는 것은 경영을 잘하는 원장이 일과 개인 삶에 대한 균형 감각도 좋다는 것이다.

나는 원장이 병원의 미션을 만들 때 반드시 개인으로서의 미션도 고려하길 바란다. 병원의 미션을 자기 개인의 미션으로 착각하면 병원을 자신만의 소유물로 여기는 문제점이 발생할 수도 있기 때문이다. 자칫 '나만 이렇게 병원을 위해서 희생하는데 직원들은 왜 안 따르나?'라며 직원들을 오해할 수도 있다.

균형을 지키는 것은 중요하다. 원장에게는 규모가 큰 대형병원이나 전문병원만이 좋은 것은 아니다. 규모나 전문화는 병원 차별화 전략일 뿐, 병원이나 원장의 미션에 반드시 필요한 항목은 아니기 때문이다. 오히려 자신에게 맞는 미션과 비전을 정하고, 그것에 맞추어 병원을 경영하는 것이 자신과 직원, 그리고 고객 모두에게 성공과 행복을 주는 것이다.

자신만의 철학으로
병원을 세워라

처음 만난 원장에게 항상 하는 질문이 있다.

"왜, 병원을 하려고 하세요? 어떤 병원을 만들고 싶으세요?"

대부분의 원장은 이러한 나의 질문에 난감한 표정을 짓는다. 그걸 몰라서 묻느냐는 표정이다. 물론 나도 알고 있다. 의대나 치대, 한의대를 졸업해 어렵게 의사면허도 취득했으며 이제는 준비를 마치고 개원할 결심을 했으니 개원준비를 한다는 것을 말이다. 그래서 요즘에는 질문을 업그레이드 했다.

"어느 지역에서나 독점이 불가능한 지금의 시대에 병원은 베스트원이 아니라 온리원이 필요합니다. 원장님 병원은 베스트원이 될 수도 없고 설령 잠시 된다 하더라도 계속 베스트원이 되기에는 너무 힘듭니다. 하지만, 온리원은 될 수 있습니다. 원장님께 꼭 맞는 온리원 병원을 만들어 봅시다. 그런데 그러려면 원장님의 생각과 마음을 알아야 합니다. 그리고 그것을 표현해야 합니다. 왜, 병원을 하려고 하세요?"

이 질문도 어려워하는 원장에게는 조금 더 구체적으로 질문 한다.

"원장님, 원장님 배우자나 자녀에게는 원장님이 한분뿐이죠? 그러니 병원에 갈 일이 있으면 제일 먼저 원장님께 오겠죠? 환자에게도 원장님이 그런 분이어야 합니다. 내가 믿고 맡길 수 있는 나에게 가장 편안하고 편리한 병원이어야 원장님께 오지 않을까요?"

이렇게 질문하면 대부분의 원장은 나의 질문을 이해하고 자신의 생각과 마음을 정리하고 말하기 시작한다.

당신은 자신의 목표를 종이에 써 본적이 있는가? 병원의 사명, 핵심가치, 비전을 써 놓고, 자주 보는 것이 중요하다. 원장 혼자만 보는 것이 아니라 병원 곳곳에 써놓아 직원들과 환자들이 알고 공유하는 것도 필요하다. 원장의 그릇이 아무리 크더라도 알리지 않는다면 사람들이 알 수 없다. 자신만의 철학을 만들어 알리고, 이를 실천하다 보면 인정

받게 될 것이다.

　전에 함께 일했던 김기록원장을 처음 만났을 때 여느 때와 마찬가지로 질문을 했다. 그는 자신이 하고 싶은 병원에 대해 이야기를 했다. 거의 모든 분야에 대한 그의 이야기는 거침이 없었다. 평소 자신의 철학에 대해 생각을 정리해 두었기에 어떤 질문에도 즉답이 가능했던 것이다.

　김기록원장은 개원을 준비하고자 조언을 얻으러 찾아온 후배들에게 자신만의 철학을 가지라고 몇 번이고 말한다. 수년간 '행복한 기록'을 외쳤던 김기록 원장은 요즘은 본인 스스로가 행복한 사람이 되어 가고 있다.

　개업초기에 원장의 경영철학을 이해하지 못한 직원들은 병원을 떠났지만 지금은 많은 직원들이 원장의 경영철학을 공유하고 있다. 이렇게 철학을 가진 원장의 주변에는 시간이 지남에 따라 그 철학을 공유할 수 있는 사람들이 늘어난다. 주변의 다른 병원들은 어려워져도 이런 병원은 성장한다. 성공한 병원의 모습을 닮고 싶다며 벤치마킹하러 오는 사람들도 늘어난다.

　사실 우리 병원도 개원 전에 벤치마킹을 목적으로 다른 병원을 다녀온 경험이 있다. 내가 예치과 경영지원부 모임 때부터 친분관계에 있던 춘천예치과 신기철 경영부장을 통해 김기록치과의 두 원장을 포함한 당시 모든 직원들과 춘천예치과를 방문했다. 그곳에서는 우리에게 병원의 성공노하우를 알려 주었다. 송호용 대표원장과 박진희 총괄매니저가 따로 시간을 내어 병원 운영사항을 브리핑해 주고, 점심시간을 이용해 병원의 여러 곳을 살펴볼 수 있도록 배려해 주었다. 그들은 진심으로 김기록치과의 성공을 바랬다.

그럼 지금의 김기록치과가 춘천예치과와 똑같은 방식으로 똑같이 운영되고 있을까? 물론 아니다. 김기록치과는 원장인 김기록 원장의 철학위에 세워졌다. '행복한 기록, 김기록치과'가 김기록치과의 미션이다. '사랑, 성장, 기록'이라는 핵심가치를 추구하고, '따뜻한 마음을 가진 치과, 스마트한 치과, 함께 성장하는 치과'를 비전으로 공유한다.

특히, 성장이라는 핵심가치를 실행하면서 마음으로 동의하지 못하는 직원들로 어려웠던 경험이 있다. 김기록치과 근무이전에 수년간 성장과 관계없는 근무환경에 익숙해져 있었기 때문이다. 공부하고 연구하는, 그래서 함께 성장하고자 하는 김기록치과의 철학과 맞지 않는 직원들로 인해 원장의 경영철학을 실천하고자 할 때마다 벽에 부딪혔다. 스스로도 성장을 어려워 할 뿐만 아니라 성장하려는 다른 직원들에게도 좋지 못한 영향으로 팀워크가 나빠지기도 했다. 하지만 수년이 지난 지금은 많은 직원들이 원장의 핵심가치를 공유하는 사람들로 바뀌어 있다.

개원 시 어수선함이나 경영지원의 미숙함으로 인해 직원들이 병원을 떠난 경우도 있었다. 하지만 근본적으로는 원장과 철학이 공유되지 않는 것이 더 큰 요인일 것이다.

재미있는 것은 원장들은 좋은 직원을 원하지만 직원들도 좋은 원장을 찾는다는 사실이다. 특히, 관리자급의 직원의 경우 업무의 수준이나 스타일은 쉽게 바뀌지 않는다. 이들에게 좋은 원장이란 자신의 미션이나 핵심가치를 공유할 수 있는 원장이다.

많은 원장들은 직원이 급여나 근무조건만으로 병원을 선택한다고 생각하는 것 같다. 하지만 정말 좋은 인재는 급여나 근무조건보다 원장의 경영철학을 우선시해 자신의 미래를 결정한다. 급여나 근무조건은 자신의 노력여하에 따라서 발전할 가능성이 있지만 원장이 갖고 있는 철학을 바꾼다는 것은 불가능하기 때문이다.

가끔씩 철학을 쉽게 여기는 원장도 있다. 자신에게 맞는지 따져 보지도 않고, 실천할 의지는 없이 그저 좋아 보이게 만들기만 하면 된다고 여기는 것이다. 물론 비전은 상황과 형편에 따라 변할 수 있다. 하지만 미션과 핵심가치는 크게 변하지 않는 것이다. 어쩌면 만들기 보다는 발견한다고 표현하는 것이 정확할 것이다. 어떤 원장들은 철학을 만드는 부담을 덜고자 프랜차이즈 병원을 생각하고, 가입하기도 한다.

의료분야에서 프랜차이즈 병원이 쉽게 성공하지 못하는 첫 번째 이유는 프랜차이즈의 철학과 원장의 철학이 일치하지 않기 때문이다. 특히 의료업의 특성상 환자의 진료에 대한 권한과 책임이 모두 원장에게 귀속되어 있으므로 프랜차이즈의 철학을 구현하는 것은 철학 공유와 더불어 굳은 마음 없이는 실현하기 쉽지 않다.

물론 프랜차이즈 본연의 철학은 유지하면서도 자신에게 맞는 별도의 내부 철학을 더하는 것도 가능하다. 내가 염려하는 것은 프랜차이즈의 철학에 동의하지 않음에도 마케팅이나 경영지원등의 이유로만 프랜차이즈를 하려는 경우다. 그런 경우에 원장도 시간적, 금전적 피해자이지만 프랜차이즈도 브랜드가 훼손되는 피해를 입는다.

나도 예치과 프랜차이즈에서 철학 공유의 어려움을 경험을 한 적이 있다. 내가 근무했을 2000년 중반 예치과 프랜차이즈는 한참 브랜드가 확장하던 시기로, 경영기획실 설치 의무가 가입요건중에 하나였다. 하지만 브랜드의 성장보다는 개별 치과의 경영에만 관심이 있던 일부치과들에서 개원 이후 얼마 지나지 않아 경영기획실 정원을 두지 않는 방법으로 프랜차이즈 정책을 피하는 방법을 채택했다. 그사이 프랜차이즈 계약을 해지하는 예치과들도 생겼다. 돌이켜 보면 앞선 예치과 프랜차이즈 지주회사인 메디파트너는 선진 경영방식을 채택했지만 현실에서의 여러 가지 문제들로 실현하지 못했었다.

예치과의 성장이 더딘 이유는 투자개방형 의료법인 설립불가 및 의료인 1인 1개소 설치등 정치·제도적인 영향도 있었으나 그보다는 프랜차이즈 본사와 개별 병원과의 철학 공유가 원활하지 못한 것이 가장 큰 원인이라 생각한다. 실제 지금도 경영기획실을 유지하는 대부분의 예치과의 경우에는 메디파트너와의 원활한 관계와 더불어 철학을 공유하고 각 병원에 맞는 경영전략으로 비교적 운영에도 모범이 되고 있다.

과거 치과계 위주로 철학을 공유하는 프랜차이즈가 유행 이었다면 최근에는 한의원을 기반으로 한 프랜차이즈가 확산 중이다. 기존의 모든 진료를 관할하던 한의원과는 달리 전문 진료를 표방한 프랜차이즈들이 많이 생겨나고 있다. 예를 들어, 소아청소년 전문 함소아 한의원을 비롯해 척추관절 자생한의원, 이비인후과 코비한의원, 난치성 안면질환 이비안 한의원등 많은 한의원들이 프랜차이즈를 통해 전문한의원으로 개원하고 있다. 이러한 전문 진료 표방은 한의사들이 자신에게 맞는 전문 진료와 프랜차이즈의 진료철학을 공유해 협력하는 형태로 의료계의 브랜드화에 일조할 것으로 보인다.

이처럼 이제 병원은 진료를 잘하는 것만으로는 경영할 수 없다. 자신이 추구하는 철학을 바탕으로 병원을 세워야만 튼튼하고 지속 가능한 경영을 추구할 수 있다. 어렵게 생각하지 말고 편안하게 자신을 돌아본다는 마음으로 작성해도 좋다. 주관식이 어렵다면 다른 병원들의 철학을 참고하는 것도 나쁘지 않다. 지금 당장 자신의 경영철학을 만들어보자.

의사라면
개원만이 정답이다

❝

당신은 의사인가? 그렇다면 당장 개원하라. 지금부터 당신이 왜 개원을 해야 하는지 이야기하겠다. 물론 의사임에도 교수이거나 공무원인 사람에게는 해당되지 않는 내용일 수도 있다. 내가 여기에서 말하는 의사는 언젠가는 개원을 하겠다고 생각하는 예비 원장이다. 다만, 병원에서 근무하는 사람들도 이 글을 참고 하기를 추천한다. 핵심가치를 만들어내는 의사를 이해해야만 의미 있고 효율적인 업무가 가능하기 때문이다.

의사들은 소명을 갖고 있다. 우리나라는 원장이 되고자 하는 사람이 많기 때문에 의사라는 직업이 인기 있다. 시험성적이 높고, 의료라는 업이 안정적이라는 생각에 의료인의 길에 들어선 사람도 있다. 오랫동안 함께 일한 경험에 비추어 볼 때 성실하고 겸손한 인품을 갖고 있는 사람이 많다. 대부분 약속도 잘 지킨다.

하지만 봉직의의 경우에는 원장과는 다른 어려움이 있다. 내가 근무하고 있는 치과계의 경우에는 불과 15년 전까지만 해도 치과의사 면허증만 있으면 초임 월 실급여액이 500만 원부터 시작했다. 그런데 불과 15년 사이 물가상승이나 임금상승으로 인한 급여상승은 고사하고, 오히려 급여가 더 줄어든 상황이다. 솔직하게 말하자면 거의 절반수준이다. 수요와 공급의 논리로 보더라도 개원을 미루고 있는 기존 치과원장과 더불어 해마다 700명 정도의 치과의사가 배출되고 있기 때문에 봉직의에 대한 대우는 갈수록 어려워질 전망이다.

봉직의의 업무 스트레스도 상당한 수준이다. 원장과 경영 및 진료에 대한 철학이 공유되지 못하는 것이 가장 큰 어려움이다. 또, 근무하는 곳의 직원 연령이 높은 경우에는 관계 설정이 불편할 수도 있다. 어렵게 의과대학이나 대학원을 졸업하고 의사면허를 취득했음에도 샐러리맨에 불과한 생활이 자신을 초라하게 만드는 것이다. 그럼에도 불구하고 대다수의 사람들은 의사를 부러워한다. 예전만은 못해도 상대적으로 취업할 수 있는 여건과 근로조건 등이 더 좋다고 생각하기 때문이다. 의사들이 일반 직장인에 비해 안정적인 것은 사실이다. 의사면허라는 진입장벽 때문에 일반인들은 접근할 수 없는 영역이기 때문이다. 하지만 오랫동안 의사들을 지켜본 나는 다르게 생각한다.

우선, 의사들은 외롭다. 모든 것을 본인이 결정하고 책임져야 하기 때문이다. 언젠가 병원 매출이 적어 원장에게 매출을 더 올리기 위해선 어떻게 할까를 논의한 적이 있었다. 그때 의사들의 능력이나 의견이 반영되지 않은 것이 얼마나 위험한 발상인지 이해하게 되었다. 매주 임플란트 진료를 2건 정도 늘리자는 방안이었는데 그 이야기를 들은 원장의 한숨소리와 표정이 지금도 선명하다. 나는 그 상황을 일부 공감할 뿐 진료를 직접 하는 원장이 아니라면 절대 알 수 없을 영역이라 생각한다. 건강보험제도를 통해 진료의 가치를 제대로 부여받지 못하는 상황도 발생한다. 수가자체가 낮은 것도 문제지만 소신껏 진료했음에도 삭감되는 경우도 발생한다.

그리고 의사들은 시간이 없다. 일반직장에 다니는 사람들은 주 40시간 근무가 일반적이지만 전공의의 경우 주 100시간 근무가 기본이다. 물론 봉직의나 원장이 되면 좀 덜하지만 그럼에도 주 40시간을 넘지 않기는 쉽지 않다. 식사시간조차 보장 받지 못하는 상황도 종종 일어난다. 사회적으로도 어려운 상황이 존재한다. 친구들과의 모임에서도 수입이 많을 것으로 여겨져 더 많은 지출을 요구당하고, 친척이나 가족에게도 희생을 강요당하기 일쑤다.

몇 년 전, 원장의 한 달 수입이 1,000만 원이 넘으니 자신은 원장의 어려움을 공감할 수 없다는 한 상담실장과 대화를 나눈 적이 있다. 그러나 한 달 수입 중 세금과 대출금, 투자에 따른 위험을 감안하면 실제 소득이 얼마인지 상담실장은 알지 못한다. 그런 직원들과 함께 일하는 원장들은 재정적인 어려움과 동시에 자신을 이해하지 못하는 직원들로 인해 낙심한다. 하지만, 요즘은 원장의 어려움에 공감하려 노력하는 관리자들이 많아졌다. 덕분에 의료분야 경영세미나와 커뮤니티 활동이 활발하다. 앞으로 이런 추세는 계속 될 것으로 보인다.

이렇게 많은 것이 힘듦에도 불구하고 원장에게도 삶의 보람이 있으니, 바로 환자다. 진료가 잘 진행되어 병이 완치되거나 환자의 니즈를 해결되었을 때 원장은 행복감을 느낀다. 많은 원장들이 이러한 소명으로 살아간다. 내가 의사들에게 개원을 권하는 가장 큰 이유는 현실적으로 자신이 하고 싶은 진료를 자유롭게 할 수 있기 때문이다. 이론적으로 의사는 면허를 통해 자신의 소신을 지킬 수 있지만 조직생활을 하다보면 어쩔 수 없이 양보해야 하는 부분이 발생할 수밖에 없다.

〈치의신보〉에 봉직의의 애환을 담은 "대표원장보다 직원 눈치 더 보여요"라는 기사가 실렸다. 함께 일하는 직원들에게 직장동료로서 대우받는 것조차 어려운 현실은 기사를 읽는 내내 봉직의의 고충을 느낄 수 있었다. 그도 그럴 것이 장기근속을 하고 있는 일반직원과는 달리 근무기간이 일정기간으로 정해져 있는 봉직의의 경우 구조적인 어려움에 노출될 수밖에 없다. 원장과 봉직의 그리고 직원의 입장 차이로 인한 어려움이 있지만 이를 지혜롭게 해결하는 일은 생각보다 쉽지 않다. 커뮤니케이션을 통해서 갈등의 일정부분을 해소할 수도 있겠으나 대표원장과 봉직의의 철학 등 구조적인 해결은 쉽지 않기 때문이다.

쉬운 예로 매출 기여도에 대한 원장과 봉직의의 생각은 사업자와 근로자의 생각 차이만큼이나 어려운 문제이다. 내가 몇 년 전 근무했던 병원에서는 대표원장이 대학 때 같이 근무했던 동기의사를 봉직의로 영입한 일이 있었다. 병원에서는 최대한 예우를 하고 배려했으나 막상 근무를 한 봉직의는 자신이 생각했던 것보다 많은 진료를 하게 되자 달갑지 않게 여겼다. 이러저러한 사정으로 봉직의의 입장에서는 자신의 어려움을 허심탄회하게 이야기할 형편이 아니었고, 대표원장도 병원을 경영해야 하는 입장이 있기 때문에 무턱대고 봉직의의 요구에 맞춰 줄 수 없었다. 급기야 봉직의는 약속한 기간을 채우지도 못하고 급하게 병원을 그만두었다.

일반기업과는 달리 병원은 경영분야와 가치생산(진료)을 분리하기 쉽지 않다. 이러한 의료업의 특성 때문에 의사의 의무와 권리를 명확하게 나누기가 어렵다. 그래서 그에 따르는 다양한 문제가 생긴다. 이것이 의사가 개업을 해야 하는 근본적인 이유다. 게다가 의사로서의 사명과 인생의 목적을 이루기에도 개원을 하는 것이 여러모로 유리하다. 당신이 언젠가는 개원하려는 의사라면 지금 당장 개원하라.

원장은 선수이자 코치가 되어야 한다

경기도 파주에 원장이 혼자 진료하는 병원이 있다는 이야기를 들은 적이 있다. 여기서는 원장이 접수, 진료, 수납, 예약의 모든 병원업무를 수행한다고 한다.

나는 1명의 직원으로만 운영되는 의료 기관을 본 적이 두 번 있다. 한 번은 2000년경 경기도에서 병원을 운영하던 80대 원장님이었고, 한 번은 최근에 치과를 양도하고자 하는 목적으로 만난 강남구의 50대 원장님이었다. 강남구에 있는 병원은 얼마 전까지는 직원이 2명 있었으나 양도 예정 병원이라 직원이 한명으로 줄어든 상황이었다.

이렇듯 거의 모든 병원은 업무의 효율을 높이기 위해 원장 혼자 근무하는 경우가 드물다. 접수나 수납, 예약 업무를 직원이 대신하면 의사 혼자 모든 업무를 수행했을 때보다 훨씬 효율적인 경영이 될 것이다. 물론 직원의 월급이 원장보다 높다면 이야기가 달라 질 것이다. 그러나 아직까지 대부분의 병원에서 직원의 급여가 원장보다 높은 상황은 거의 없다.

잘되는 병원일수록 원장이 진료에 집중해야 하는 시간이 많기 때문에 원장이외의 직원은 반드시 필요하다. 그러다 보니 원장이 대처하지 못할 상황은 직원이 대신 수행해야 한다. 특히, 병원 업무의 특성상 원장이 결정하는 일들이 많은데 그 결정에 대한 내용과 이유를 직원들과 공유하지 못하는 것은 병원의 경영에 나쁜 영향을 줄 수 있다. 고객 불만은 물론, 의료사고의 위험성도 있다.

내가 생각하는 좋은 병원의 기준 중 하나는 설명을 잘하는 병원이다. 설명이 왜 중요한가하면 설명을 하느냐 하지 않느냐에 따라 치료결과에 끼치는 영향이 크기 때문이다. 또한 병원을 이용하는 고객 만족도의 차이가 크다. 쉬운 예로 스케일링을 한다고 가정했을 때 환자의 입장에서 다음의 설명을 듣게 된다. 진료하려는 스케일링이 건강보험 혜택의 대상이 되는지, 스케일링을 받은 경험이 있는지, 환자의 통증을 대하는 정도, 스케일링에 소요되는 대략의 시간, 스케일링을 마친 후 환자가 겪게 될 상황과 주의사항, 다음의 진료 유무와 기간등···. 비교적 간단한 스케일링 진료조차 이렇게 많은 설명과 의사소통이 필요하다.

그럼 스케일링 진료에 대한 책임은 누구에게 있을까? 당연히 원장이다. 그렇기 때문에 위의 모든 설명은 원칙적으로 원장이 하는 것이 가장 좋다. 그러나 현실적으로 그것은 불가능하다. 그리고 비효율적이다. 원장이 치위생사에게 지시한 스케일링의 진료 후 주의사항을 설명하려고 한참 진행되고 있는 수술을 중단하고, 설명하기 위해 또는 질문에 답변하기 위해 스케일링 환자를 면담한다는 것은 불가능한 일이다. 그래서 스케일링을 하는 치위생사가 원장을 대신해서 설명과 질문에 대한 답변을 한다. 직원이 플레이어가 되고 원장은 코치가 되어야 한다는 말이다.

잘되는 병원의 비밀 중 하나는 원장이 훌륭한 코치역할을 잘 한다는 것에 있다. 자신의 진료에 대한 철학은 물론, 진료때 발생되는 모든 상황에 대해 간호사, 치위생사를 포함한 모든 직원들이 설명할 준비가 되어 있어야 한다. 훌륭한 병원의 직원들은 업무에 자신감이 드러난다. 그렇기 때문에 고객에게 설명할 때나 고객이 문의했을 때 원장의 생각에서 벗어난 말을 하지 않는다.

병원 클레임의 많은 부분은 사전에 환자에게 정확한 설명을 하지 않았기 때문에 일어난다. 환자가 클레임을 건 이후 뒤늦게 설명하는 것은 핑계에 불과하다. 고객이 이해하기 어려운 내용일수록 여러 번 설명해야 한다. 어려운 진료나 수술로 인해 환자가 육체적·정신적으로 힘든 상황에서 전달하는 것이라면 말로만 끝내는 것이 아니라 별도의 인쇄

물과 문자메시지등의 방법을 통해서라도 환자를 이해시켜야 한다.

가끔 경력 직원이 입사 초기에 진료에 투입되어 실수하는 경우가 있는데 진료에 대한 원장의 생각이나 특징을 파악하지 못하고 환자에게 설명하는 경우다. 똑같은 진료라 하더라도 원장마다 프로세스가 다르고, 선호하는 재료나 진료방식에도 차이가 있기 때문이다.

나도 그와 같은 사례로 난처했던 경험이 있다. 치과에서 보험이 되는 충치진료방법 중 하나인 글라스 아이노머 시멘트(Glass Ionomer Cement)에 관한 사항이다. 예전에 근무했던 치과의 원장은 임상에서 글라스 아이노머 시멘트가 그다지 환자에게 좋은 임상결과를 가져다주지 못한다고 생각해 나를 포함한 직원들에게 지양해야 하는 재료라고 설명했다. 그러나 이후에 근무한 치과의 원장은 보험치료를 원하는 환자들에게 글라스 아이노머 시멘트를 적극적으로 추천했다. 나는 원장의 성향을 알기 전까지 몇몇 환자에게 그것을 추천하지 않았었다.

원장의 선호도에 따라 진료방향이 바뀔 수 있다. 물론 재료의 발전이나 진료를 수행하는 지역, 그리고 환자의 형편에 따라 달라질 수도 있겠으나 이런 상황을 고려해 진료를 결정하고 책임질 수 있는 사람은 원장밖에 없다.

진료장비의 선호도 역시 원장에 따라 바뀔 수 있다. 어떤 원장은 물방울레이져(Ebium YAG Laser)를 선호해서 레이저 장비 없이 진료하는 것을 매우 불편해했으나 다른 원장은 레이저에서 나온 빛이 환자와 직원의 시력에 좋지 않다는 이유로 레이저 사용을 하지 않는다.

이처럼 병원에서는 많은 경우 진료는 물론, 경영의 거의 모든 부분에 있어 원장의 생각을 공유해야 한다. 경력 직원이 입사 후 공통적으로 숙지해야 하는 것이 있다. 첫 번째는 병원에서 사용하는 재료나 기구의 위치, 두 번째는 병원의 진료과정이다. 이해가 안 되는 경우 동료나 원장에게 물어보아야 한다.

　병원에서의 진료업무는 많은 경우 원장의 위임에 따라 직원이 시행하거나 설명하는 일이 빈번하다. 특히, 앞으로는 환자 설명의 의무가 더욱 중요한 사항이 될 것이기 때문에 직원의 진료스킬 만큼이나 설명 능력이 더 중요한 사항이 될 가능성이 높다. 물론 직원 개인의 역량 차이도 있을 수 있으나 기본적으로 병원 차원에서의 준비가 되어 있어야 한다고 본다. 그런데 그런 준비를 하다보면 반드시 원장의 코칭이 필요한 상황이 있다.

　그러므로 원장은 코치의 역할을 두려워하거나 피하려고 하면 안 된다. 오히려 어떻게 하면 효율적으로 자신의 생각과 컨셉을 전달할 수 있을지를 고민해야 한다. 진료매뉴얼을 만들고, 진료리허설을 시행하고, 진료동영상을 만들고, 관련 자료를 정리하고, 정해놓은 때와 변경되는 때마다 수정하고, 공유해야 한다. 이 모든 것이 직원들을 좋은 선수로 만들기 위한 코치로서의 역할이다.

　병원에서의 많은 업무는 직원에게 위임될 수밖에 없다. 그럼에도 모든 환자들은 원장이 판단을 듣고 싶어 한다. 그런데 이때 잘못된 위임이나 전달로 인해 환자들의 불편함과 직원들의 어려움은 원장의 잘못이다. 자신의 진료를 당연히 이해 할 것이라고 생각하는 것은 착각이다. 직원들에게 어떻게 잘 전달해야 할 지 고민해야 한다. 그래야 환자가 안전하고 편안하게 진료 받고 직원들은 행복하게 근무할 수 있다.

혁신은
원장으로부터 시작된다

혁신을 이루지 못하는 병원의 공통적인 원인은 원장이다. 원장이 바뀌지 않으면 혁신은 없다. 일반 기업체에서는 대주주가 전문경영인을 두어 오너가 아닌 사람도 기업을 운영할 수 있지만 병원에서는 원장이 주인이자 최고경영자이기 때문이다. 게다가 부가가치 창출에도 원장이 큰 기여를 할 수 밖에 없는 구조다. 병원은 의사를 만나러 가는 곳이기 때문이다. 물론 원장이 여럿인 병원의 오너원장의 경우 예외일 때도 있기는 하지만 많은 병원에서 원장이 경영과 진료를 책임져야 한다는 것을 감안하면 원장에게 절대적인 권한과 책임이 있는 것으로 보는 것이 타당하다.

시대는 변하는데 리더의 역할을 해야 할 원장이 오히려 변화의 걸림

돌이 되는 경우를 볼 때는 안타깝다. 이제는 직원들에게 지시를 하는 것도 근거가 있어야 한다. 예전처럼 무턱대고 지시만 하는 원장을 직원들은 신뢰하지 않는다. 원장이 먼저 바뀌어야 한다.

요즘 치과계의 핫이슈인 건강보험 청구만 놓고 보더라도 혁신이 왜 원장부터 출발해야 하는지 알 수 있다. 15여 년 전만에도 치과의원의 건강보험 청구액은 대부분의 경우 병원당 수백만 원정도로, 매출액을 감안하면 미미한 수준이었다. 하지만 2012년 노인 틀니, 2014년 노인 임플란트 급여화 및 이후 대상 연령 확대, 스케일링 건강보험 적용, 소아진료 건강보험 적용 등으로 인해 이제는 매출의 50%이상 건강보험진료로 경영되는 병원도 존재한다. 전체적으로도 큰 상승이 이어져 2015년도 기준으로 평균 요양급여비는 1,350만원으로 증가했다. 2019년도 치과의원 평균 요양급여비는 1,511만원으로 계속 보험진료가 증가추세이다. 이는 앞서말한 보험적용 항목 및 대상이 늘어난 것과 치과의사들의 보험진료에 대한 관심이 늘어난 것도 주요 원인이다. 더불어 보험 청구와 관련된 사항도 중요하다.

보험 청구에 필요한 교육은 수년 전부터 치과 직원들의 근무역량을 늘리기 위한 것으로 여겨져 왔다. 병원경영에도 도움이 되고 자신의 가치를 높일 수 있는 업무로 보험청구 업무를 선택해 많은 치과스텝들이 교육에 참여한 성과다. 대한치과건강보험협회를 통해 치과건강보험청구사가 3급 3만 2,898명, 2급 필기·실기 포함해서 5,372명이 배출될 만큼 스테프들에게는 이미 활성화된 교육 영역이다. 물론 보험교육을 통해 기존 청구의 누락, 오류수정 등으로 어느 정도 성과를 기대할 수 있다. 하지만 보험 청구에 따른 매출 증가는 직원들의 보험교육만으로는 한계가 있다.

원칙적으로 보험은 청구가 아닌 진료다. 치료계획에 따른 진료선택을 청구와 연동지어, 청구에 문제가 발생하지 않게 과정을 수립하는 것이 중요하다. 치료계획과 진료선택에 있어서는 직원의 역할에 한계가 있는 것이다. 원장이 보험 청구에 대한 기본적인 원리와 이해도 갖추지 않은 상태에서 직원의 청구 역량이 늘어나는 것만으로는 보험 진료의 한계가 존재할 수밖에 없다. 이런 상황에서 일부 원장들로부터 시작된 치과계 보험은 이제는 큰 트렌드가 되었다. 그래서 많은 세미나도 개최되고 있으며, 원장들이 실제 보험 진료사례들을 공유해 원장과 스테프 모두가 보험 진료에 관심을 갖고 업무에 임하고 있다. 이렇게 함께 보험 청구 공부에 참여하는 병원은 보험 청구 매출 증가와 더불어 팀워크도 기대할 수 있다.

내가 생각하는 병원에서의 효과적인 혁신은 권한 위임이다. 몇년 전 병원에서 근무 중 데스크에서 큰 소란이 있었다. 나는 환자가 어떤 문제로 클레임을 걸고 있는지 궁금했다. 매우 화가 난 환자를 상담실로 안내하여 대화를 나누었다. 내용을 들어보니 진료를 받던 중 셔츠에 피가 묻어 피해보상을 요구했는데, 클레임에 대처하는 직원들의 태도에 더 화가 났다는 것이다. 이야기에 공감하면서도 해 줄 수 있는 것이 아무것도 없다는 듯한 직원들의 행동과 태도에 무시받는다는 생각이 들어 더욱 화가 난 것이었다. 급기야 결정권을 가진 원장은 수술을 하고 있으니 어쩔 수 없다는 말에 소리를 지르게 되었다고 한다. 나는 지갑에서 3만원을 꺼내 병원 봉투에 넣은 다음 실장을 통해 환자에게 세탁비를 전달했으나 환자는 그 봉투를 받지도 않고 다시는 이 치과에 오지 않겠다는 말과 함께 나가 버렸다.

업무 이후 원장에게 보고하니 원장은 그런 일이 있으면 알아서 진행해야지 그 정도의 일로 병원을 시끄럽게 했느냐고 실장을 나무랐다. 나는 실장의 문제가 아닌 서비스 시스템의 문제로 보고, 원칙을 세우는 계기로 삼자고 원장과 실장에게 제안했다. 이후로 5만 원 미만의 지출에 대해서는 실장에게 권한을 주는 것으로 마무리 되었다. 나중에 실장과의 면담을 통해 알게 된 사실은 원장이 평소에 지출에 대해서 매우 꼼꼼하게 물어보는 것이 부담스러워 그렇게 행동했다는 것이다. 이제는 자신에게 적절한 권한이 주어져 좋다고 말했다.

많은 병원에서 환자를 직접 대면하는 직원들은 이와 비슷한 여러 가지 상황에 놓이게 된다. 환자 클레임부터 불우이웃 모금함을 들고 막무가내로 들어오는 사람들까지, 예측하지 못한 다양한 상황이 생길 수 있다. 이때 원칙이 없다면 직원의 입장에서는 어려움이 있을 수밖에 없다. 원칙을 원장이 세워주어야 한다.

원장에게 요구하는 혁신 중 필요하지만 조심스러운 것이 '보이지 않는 유리벽' 깨기다. 아직도 많은 병원에는 보이지 않는 유리벽이 존재한다. 바로 권위주의다.

몇 년 전 나는 한 대학원의 의료경영학과에 입학하기 위해 준비했었다. 경영을 전공하기는 했지만 병원에 맞는 체계적인 의료경영을 배우고 싶었기 때문이다. 직장생활을 병행하며 해야 하는 공부였기에 거리 등의 현실적인 상황을 감안해 지원이 가능한 대학원을 발견했다. 마침 가깝게 지내고 있던 다른 병원의 경영실장이 그 대학원에서 의료경영을 전공했다는 이야기를 들었다. 전화를 걸어 나의 형편을 설명했다. 내 이야기를 한참 들은 그는 나에게 뜬금없이 보이지 않는 유리벽 이야기를 했다. 그는 의료경영을 공부하는 의사 일부가 대학원에서조차 원장처럼 학우들을 대한다고 말했다. 나는 적잖이 충격을 받았다. 고민 끝에 나는 대학원 진학을 포기했다. 그의 말에 공감했기 때문이다.

10년이 지난 지금도 그 분위기가 여전한지는 알 수 없다. 아마 시대가 많이 변했으니 그때의 폐단은 사라졌으리라 믿는다. 다행히 요즘은 보이지 않는 유리벽이 점점 사라지고 있다. 병원을 원장 혼자의 힘으로만 성공시킨다는 것이 어렵다는 것을 인정하는 것이다. 원장은 리더이므로 의사로서 리더십을 배우고 훈련해야 한다.

환자가 병원에 간다라는 말에는 의사를 만나 진찰을 한다는 속뜻이 담겨있다. 병원에 가서 의사를 만나지 않고 진료한다는 것은 상상할 수 없는 일이다. 이처럼 따로 말하지 않아도 의사의 권위는 자연스럽게 세워진다. 병원과 원장은 나눌 수 없는 관계이다. 병원은 원장의 그릇만큼 성장한다. 병원도 여느 조직과 마찬가지로 리더가 중요하다. 병원이 성공하고, 직원들이 성장하길 원한다면 원장부터 성장해야 한다.

고객 유치보다
고객 유지가 먼저다

'유치'란 병원에 새로운 고객을 유입시키기 위한 행동이고, '유지'란 내원한 고객들을 만족시키려는 일련의 행동으로 정의 할 수 있다. 여기서 환자라는 용어를 사용하지 않고 고객이라는 용어를 쓴 이유는 병원 선택을 보호자 등 환자가 아닌 사람이 하는 경우도 있기 때문이다.

얼마 전, 가까이 지내는 한 원장과 저녁 식사를 하게 되었다. 자신을 포함한 주변 의사들은 대체로 병원에서의 경영은 마케팅이란 생각을 가지고 있고, 병원 마케팅은 '광고'라고 생각한다고 말했다. 광고를 많이 하는 것이 마케팅을 잘하는 것이고 마케팅을 잘해서 신환이 많이 오면 의사들의 세계에서는 병원경영을 잘하는 의사라는 말이었다. 오랫동안 병원에서 일하고 있는 나는 이 원장을 포함한 병원 직원 대다수가 비슷한 생각을 갖고 있다는 것을 알고 있다.

내가 이런 원장에게 자주 하는 질문을 당신에게도 하고 싶다.

1. 병원주변 조간신문에 병원 홍보전단지 1,000장을 배포하면 환자가 얼마나 유치될까?
2. 버스광고, 마트광고, 아파트 엘리베이터 광고 등의 효과는 어느 정도일까?

첫 번째 질문에 대한 답은 1명이고, 두 번째 질문에 대한 답은 환경에 따라 다르나 '효과가 미약하고 특히 개원 초기에는 대부분 효과가 없다'이다. 홍보전단지의 사례는 내가 2000년대 중반에 직접 실행해 본 결과다. 버스광고, 마트광고 등은 그 지역에서 1등을 2년 이상 했을 때나 효과가 있는 방법이라는 어느 세미나 강연자의 말에 나는 동의한다. 따라서 광고만으로 신환을 창출할 수는 없다.

그럼에도 불구하고 개업 초기에 광고를 많이 하는 병원이 비교적 다른 병원보다 잘되는 이유는 따로 있다. 원장이 광고를 할 정도로 병원 경영에 관심이 많은 것이 병원이 잘되는 이유다. 대체로 원장들은 자신의 진료에는 관심이 많아도 경영에 대해서는 관심을 갖지 않는다. 그래서 상대적으로 잘되는 것이다. 더불어 경영에 관심이 있는 원장이 고객의 유치보다 유지가 더 중요하다는 사실을 알게 되면 병원을 더 빨리 성장시킬 수 있다. 그렇다면 기존 고객을 유지하기 위한 방법에는 어떤 것이 있을까?

　우선 다양한 채널을 통해 고객에게 병원의 정보를 제공하는 방법을 생각해 볼 수 있다. 병원에서 시행하고 있는 진료나 편의시설 이용 안내 등 환자에게 유익한 정보를 환자대기실의 게시판이나 동영상으로 제공하는 것이 좋다. 고객의 형편과 눈높이를 고려한 브로슈어나 책자를 제작해 제공하는 것도 좋은 방법이다. 예전에 근무했던 병원에서는 높은 비용을 지불하는 고객을 위해 신환과 분리된 별도의 특정 진료대기실을 운영했는데, 이에 대한 고객들의 만족도가 높았다.

　고객 유지를 위해 중요하지만 특히 놓치기 쉬운 것이 고객응대다. 아직도 많은 병원에서는 고객 유지가 중요하다고 말하면서도 실제로는 기존고객이 방문해도 적절하게 응대하지 못하는 일이 많다. 방문했을 때 기억해 주고 이전 진료에 대한 정보도 나누면서 병원이 환자에게 관심이 있다는 인식을 갖게 해주는 것이 매우 중요하다. 고객이 여러 번 방문했음에도 처음 온 사람처럼 대하는 태도는 고객 유지를 어렵게 만든다. 이런 상황에서 광고를 통해 고객이 유입되면 오히려 불만고객만 늘리게 될 수도 있다.

　고객만족도 측정도 좋은 방법이 될 수 있다. 양방향 소통에 익숙한 요즘 고객들은 자신의 의견을 제시할 수 있는 병원을 좋아한다. 고객만족도 측정이 있다는 자체가 직원들의 고객에 대한 관심을 높일 수 있다. 고객만족도 측정을 요청할 때는 고객이 직원들과 분리된 공간에서 평가할 수 있도록 배려해야 한다. 오픈된 공간에서 고객만족도 측정을 요청할 경우에는 병원의 의도를 의심하는 고객도 있을 수 있으며 담당자가 보고 있으면 객관적인 평가를 하기 어렵다. 또한 작성해 준 고객들에게 작은 사은품을 증정하는 등 참여를 유도할 수도 있다.

내가 하고 싶은 말은 '버스에 부착된 병원 홍보물'과 '환자 대기실에 꺼져있는 전등' 중 후자가 더 중요하게 생각해야 할 사안이라는 것이다. 올지 안 올지, 또는 언제 올지 모르는 불특정 다수에게 쓸 자원을 지금 여기 와 있는 우리 환자들에게 집중하라는 말이다.

전에 근무했던 병원의 원장은 경영실장이 영업을 하기를 원했다. 하지만 아프지도 않은 사람에게 병원을 방문하라고 영업하는 것 자체가 쉬운 일은 아니다. 물론 아프지 않아도 정기적으로 해야 하는 검진의 경우에는 일정부분 홍보가 필요하다. 하지만 잘 알지도 못하는 사람이나 병원에 무턱대고 몸을 맡길 사람이 세상에 어디 있겠는가? 설령 억지로 방문한다고 해도 그렇게 방문한 사람들은 자신의 기대치와 병원의 정책이 맞지 않을 때는 무리한 요구를 아무렇지 않게 한다.

오히려 오랫동안 알고 지낸 사람들이 나중에서야 내가 병원에서 근무하는 것을 알고 나서 상담을 요청해 왔다. 나는 일반적인 치료과정 등 적절한 답변을 해 주었고, 이는 곧 진료를 목적으로 한 방문으로 이어졌다. 환자에게 정확한 검사를 통해 구체적인 치료계획은 원장이 세워 주겠다고 안내했으며, 병원에서는 그에 맞는 치료계획을 제안했다.

환자는 병원의 치료계획을 신뢰해 진료동의율도 높았다.

임의로 환자를 병원으로 데려오는 방식은 병원에 대한 좋지 않은 기억만 남길 수 있다. 그보다는 병원을 이용했던 고객들이 자신이 이용하면서 느꼈던 만족감을 주변사람들에게 전달해 그 이야기를 듣고 찾아온 사람들의 기대에 부응하는 것이 현명한 방법이다.

고객 유지에 대해 특별히 기억나는 사례가 있다.

강원도에 있는 한 치과에서는 치과 진료에 대한 보증기간이 평생이라고 한다. 물론 건강보험이 적용되는 진료의 경우에는 법으로 정해진 기간이 있으므로 여기서 말하는 평생보증은 비급여 진료를 말하는 것이다. 대부분의 치과에서 1~2년, 길어야 10년인 보증기간을 저 병원은 무슨 배짱(?)으로 평생으로 정한 것일까? 직접 방문도 3번이나 했고 예전부터 알고 지냈던 병원이지만 구체적인 내용은 원장을 직접 만나 들을 수 있었다.

원장은 사람의 치아는 보통 유치 20개, 성인 32개인데 그중 한 개만 치료하는 것보다는 전부를 치료하는 것이 자신의 진료철학과 병원의 경영에 옳다고 생각해서 그렇게 결정했다고 말했다. 오히려 유지를 위해 병원의 보증정책을 자세하게 여러 번 설명해 주는 것이 더 중요하다는 것이다. 예를 들면 고객에게 진료주의사항과 보증정책을 원장인 자신이 한번, 진료를 돕는 치과위생사가 한번, 상담단계에서 상담실장이 또 한 번, 수납 데스크에서 코디네이터가 다시 한 번, 총 4번의 이야기한다는 것이다. 어떤 상황이 발생하더라도 4번의 안내를 통해 알고 있었던 만큼 고객은 당황하지 않고 병원을 재방문해 약속된 진료보증을 받을 수 있다. 이제 고객은 자신에 대해서 잘 알고 평생 치료 품질을 보증해 주는 이 치과를 떠날 수 없을 것이다. 덕분에 병원은 아직 치료하지 않은 나머지 치아의 진료에 대해 우선권을 갖는다. 더불어 환자는 자신이 느꼈던 감동이나 만족감을 가족과 주변사람들에게 전할 것이므로 신환도 유치할 수 있을 것이다. 얼마 전 이곳 치과에서 전화응대 전담부서도 운영한다는 이야기도 들었다. 그러면 4번이 아닌 5번의 안내를 하는 것이고 고객만족도와 충성도는 더욱 높아질 것이다.

고객이 유지되지 않는 병원에서 소개환자가 유입될 수는 없다. 소개환자가 없으면서 잘되는 병원도 없다. 따라서 고객 유지가 고객 유치에 우선한다는 중요한 사실을 잊지 말아야 한다.
좋은 병원과 위대한 병원의 차이를 아는가? 좋은 병원은 우리병원을 이용한 고객이 만족하는 병원이고, 위대한 병원은 이용한 고객이 다른 고객에게 소개하는 병원이다. 위대한 병원의 수준이 되면 좋은 병원의 수준은 기본적으로 따라온다는 사실을 기억해야 한다.

병원에서는 원장이 브랜드다

소비되는 모든 것이 브랜드인 시대다. 얼마 전 마트에 갔더니 많은 물건의 제품명이 노브랜드였다. 노브랜드가 브랜드가 된 것이다. 브랜드가 홍수인 시대를 역으로 이용한 사례다. 브랜드는 한번 기억되면 쉽게 잊히지 않는다. '가죽에 낙인을 찍는 것'이라는 브랜드의 원래 뜻을 떠올려 보면 이해할 수 있다.

한번 익숙해진 습관은 바꾸기 어렵다. 아플 때 가장 먼저 떠오르는 병원이 있다면 웬만해서는 병원을 바꾸기 쉽지 않다. 물론 기억되는 내용이 좋을 때만 해당되겠지만 말이다. 그렇다면 환자가 병원이나 의사를 브랜드처럼 기억할 수 있는 것만큼 강력한 습관유발요소가 또 있을까?

환자가 병원에 가는 이유는 무엇일까? 예전에는 대부분 병을 고치가나 목숨을 잃지 않기 위해 가는 곳이 병원이었다. 경제가 발전하고 생활이 나아진 지금은 예방이나 미용의 목적으로 병원을 방문하는 사람들도 많아졌다. 그러다 보니 소비자들은 예전에는 어쩔 수 없이 병원에 가야 했다면 지금은 나에게 필요한 것을 제공하는 곳을 찾으려 한다. 게다가 인터넷을 통해 예전에는 쉽게 접할 수 없었던 병원이나 의사에 대한 정보를 사전에 찾아볼 수 있다. 병원이나 원장은 자신도 알지 못하는 모습으로 소비자에게 브랜딩되고 있다는 사실을 자각할 필요가 있다.

의사들이 브랜드화 되어야 한다는 나의 말에 의사들은 엄청난 실력을 가지고 오랫동안 전문분야에 일가견이 있어야 될 수 있는 것이 아니냐는 반문을 하곤 한다. 일리 있는 말이다. 실제로 인터넷에서 '유명의사'를 검색해 보면 각 분야의 전문 의사를 찾아볼 수 있다. 이런 의사들은 수개월에서 수년에 이르기까지 대기해야 만날 수 있거나 수술을 받을 수 있다. 각 대학병원에서도 이런 스타의사를 영입하려 공을 들인다. 그러나 준비된 시설과 장비, 전문 인력을 보유하고 있지 않은 대다수의 병원은 설령 원장이 실력을 갖추고 있다 하더라도 그런 검사나 수술을 할 수 없다. 그래서 대학병원에서 오랫동안 교수로 진료하던 의사들 중 일부는 자신의 병원을 개업한 후 이전 병원에서 자신의 구축한 브랜드를 개인병원에서의 브랜드로 만드는 것에 실패하기도 한다.

그러나 노력 여하에 따라 작은 병원이라도 의사를 브랜딩 할 수 있다. 내가 말하고 싶은 것은 진료하는 분야가 극히 전문적이지는 않은 원장이라면 자신의 가망고객들에게 병원에 가야 할 상황에 가장 먼저 떠오르는 원장이 되라는 이야기다.

내가 살고 있는 지역에는 많은 병원이 있다. 나 역시도 병원에 갈 일이 있는데 아이들이 아프면 간호사인 아내와 어느 병원을 가야 하나 의논한다. 감기에 걸렸을 경우에도 증상에 따라 이비인후과, 내과, 가정의학과 중에 결정한다. 아이들이 초등학생일 때는 소아과도 선택 가능한 범위였으나 중학생인 아이는 이제 소아과는 꺼려한다. 이비인후과를 선택한 경우에도 가장 적합한 의사를 찾으려 노력한다. 아내와 내가 혹은 아이가 기억하는 한에서 가장 적합하다고 생각되는 곳을 찾는다.

다만, 큰 고민을 하는 경우가 가끔 있는데 바로 새로 병원이 생겼을 경우다. 그런 경우에는 이전에 다녔던 병원보다 더 나에게 잘 맞는 곳인지 살펴보고 판단한다. 이때 주변 사람들에게 묻거나 인터넷 등을 검색해 본다. 물론 여의치 않을 때는 일단 방문해 본다. 여기서 기억해야 할 사실이 우리나라에서는 초진 의료비가 높지 않다는 사실이다. 무슨 말인가 하면 시간만 충분하다면 큰돈을 들이지 않고도 많은 의료 기관을 직접 경험하는 것이 가능하다는 이야기다.

실례로 얼마 전 감기로 아팠을 때 내과 진료로 처방전을 받았음에도 아내의 권유로 다음날 이비인후과에 방문해 코와 목의 치료를 다시 받은 경우도 있다. 그때 나는 두 곳의 병원을 내 나름대로 판단했다. 좋은 일인지는 모르겠으나 어쨌든 우리나라에서는 비용적인 측면에서 병원의 문턱이 매우 낮다. 덕분에 환자들은 재정적으로는 큰 부담을 갖지 않고 병원에 방문할 수 있다.

그렇기 때문에 병원이 기억되어야 한다. 병원을 성공시킬 수 있는 사람은 원장뿐이다. 아무리 병원에 가기 싫은 이유가 있더라도 내가 갈 수 있는 범위 내에서 원장만의 무엇이 있다면 그 병원에 갈 수 밖에 없다. 머릿속에 낙인이 찍힌 것이다. 반대로 원장이 브랜딩되지 않는 개원 병원은 성장할 수 없다. 심할 경우, 유지도 어렵다.

그렇다면 원장을 브랜딩 하는 방법은 어떤 것이 있을까?

예전에 함께 근무하던 원장은 외국의 유명 대학병원에서 수련한 것을 자랑스럽게 여겼다. 하지만 실제 현장에서 환자와 상담해보면 그 외국 병원을 아는 환자들은 많지 않다. 그래서 환자들의 피부에 더 와 닿게 국내 대학병원에서 외래교수로 강의하는 사실을 말해 보았다. 그러자 환자들이 더 신뢰를 보였다. 사실 그 원장은 국내 대학병원에서의 외래교수 역할을 그다지 대수롭지 않게 생각하고 있었다.

그런가 하면 지금 근무하고 있는 치과의 원장은 30대 후반의 나이에 이미 8,000건이 넘는 임플란트 식립 경험을 쌓았다. 그래서 대기실에 실시간 임플란트 식립 개수 현황판을 설치했다. 이전에는 30대라는 나

이로 인해 원장님이 임플란트 진료를 잘하긴 하느냐는 질문을 종종 받곤 했으나 현황판 설치이후 그런 질문은 많이 사라졌다.

원장을 브랜딩 하는 방법을 꼭 진료에 한정할 필요는 없다. 오히려 환자에게 치료결과를 직접 전화로 통보해 주는 원장, 수술 전에 환자를 위해 기도해주는 원장이 환자에게는 더 기억에 남는 원장이 될 수 있다. 고객만족이라는 것은 디지털이 아닌 아날로그적 속성을 가진다. 그것은 어느 정도의 기대를 충족시켰느냐, 충족시키지 못했느냐의 문제이기 때문이다. 브랜딩의 핵심은 의미이다.

많은 의사들은 저마다 자신만의 캐릭터와 철학을 가지고 있다. 브랜딩은 캐릭터와 철학을 표현해 고객에게 인식시키는 것이다. 물론 병원에 맞는 캐릭터와 철학이어야 고객에게 어필할 수 있다. 각자 자신이 근무하는 병원 원장의 캐릭터를 브랜딩해 보자. 책읽기를 좋아하는 원장은 독서하는 의사로, 바이올린 연주를 잘하는 원장은 섬세한 원장으로 브랜딩하는 것도 방법이다. 환자에게 어떤 모습으로 기억될지를 생각하며 논의해 보기를 바란다.

PART 05

답은 사람이다, 구성원의 숨은 역량을 찾아라

병원의 첫 번째 손님은 직원이다
성실한 직원은 성실한 병원문화가 만든다
출근하고 싶은 직장을 만들어라
직원에게 열정을 불어 넣어라
고객관리 서비스 교육에 집중하라
잘나가는 병원에는 경영실장이 있다
직원의 성장이 병원의 성장이다

성 공 하 는 병 원 의 7 가 지 비 밀

SECRET

병원의 첫 번째 손님은 직원이다

의료업은 소비자가 가장 예민하고 까다로운 상황에 제공되는 어려운 서비스다. 그렇기 때문에 사람이 아니고선 응대할 수 없다. '사람업'이라는 표현이 부족하지 않을 만큼 함께 일하는 사람이 중요하다. 적재적소에 능력 있는 인재를 채용하고 적정한 교육을 실시해 고객이 바라는 서비스를 제공해야 고객의 요구에 부응할 수 있다. 그러기 위해선 인사분야에 있어 채용과 교육은 물론 객관적인 평가를 실시하고, 그에 맞는 보상까지 해야 한다. 직원 개인의 경력관리까지 가능하다면 좋겠지만 현실적인 어려움이 있다. 그렇더라도 채용-교육-평가-보상의 기본적인 인사업무는 할 수 있어야 한다. 현실적으로 인사업무를 관장하는 사람이 원장이든, 실장이든 처음 인사업무를 시작하는 단계라면 채용에 관련된 업무를 인사 업무의 우선에 두기를 바란다. 채용 업무가 어느 정도의 수준에 이른다면 다른 업무는 다소 미진하더라도 상대적으로 어려움이 덜하기 때문이다. 원장이나 실장을 대신할 직원이 구해진다면 시간을 벌었기 때문에 다른 인사업무를 할 여력이 생기기 때문이기도 하다.

채용과 관련된 재미있는 에피소드가 하나 있다. 많은 원장들은 직원 채용에 관심이 많다고 말한다. 하지만 실제로 채용에 들이는 노력에는 인색하다.

한 원장이 몇 년 동안 직원구인이 어려워 애를 먹고 있으며, 최근 6개월간 마음이 맞지 않는 실장과 함께 일하면서 정신적인 어려움은 물론, 금전적인 손실만도 수천만 원이 넘는다고 상담해 왔다. 놀라운 것은 함께 그 실장과 함께 일을 하게 된 이유가 다른 구직자가 없었기 때문이라는 것이었다. 마음에 들지는 않았지만 일하겠다고 하는 사람이 없으니 없는 것보단 낫다는 이야기였다. 그러면서 자신은 구직 이력서를 10통만 받아 봐도 소원이 없겠다고 말했다. 나는 구인 사이트를 이용해 보라고 했다. 그러자 원장은 자주 방문하는 구인사이트가 요즘은 유료라서 망설여진다고 했다. 구인 사이트 등록비용이 얼마인지 물어보니 원장은 대략 수 만원으로 알고 있었다. 나는 이번기회에 초기화면에 등록되는 30만 원의 구인광고에 등록해 보는 것은 어떻겠냐고 제안했다. 원장은 구인에 그렇게 큰돈을 쓰는 것이 아깝다고 했다. 나는 마음에 들지도 않는 사람을 어쩔 수 없이 뽑아 수천만 원이 넘는 손해를 봤으면서 30만 원이 아깝냐고 되물었다.

물론 그를 이해한다. 직원을 채용하는 것에는 절차와 과정이 필요한데 원장은 고민과 경험을 해 보지 못했으니 그런 어이없는 답변을 하는 것이다. 그렇다면 좋은 직원을 채용하기 위한 구체적인 방법은 무엇일까?

첫째, 진실하고 성의가 있어야 한다. 구인광고는 직원과의 첫 만남이라는 생각을 가지고 지킬 수 있는 약속을 해야 한다. 많은 원장들은 지킬 수 있는 약속만 잘 기재하고 있다고 생각할 것이다. 맞는 말이다. 그러나 문제는 진실하기만 하고 성의가 부족하다. 없는 말을 지어내라는 것이 아니라 구직자의 입장을 생각해서 병원의 철학과 복리후생제도, 우리 병원만의 장점을 진솔하게 소개하라는 이야기다. 가끔 구인광고를 보면 직원의 입장이나 관점에서 작성한 것으로 보이는 구인광고를 볼 수 있는데 이것도 좋은 방법이다.

둘째, 신입직원의 경우에는 내부적으로 규정된 급여가 정해져 있을 경우 구체적인 액수를 기재하고, 경력직원의 경우에도 채용하고자 하는 연차와 급여 범위를 구체적으로 기재하면 좋다. '협의 후 조정'이라는 표현보다는 '4년차 팀장 연봉 2,800~3,100만원'이라는 표현이 구직자 입장에서 결정하기 쉽기 때문이다. 또한, 근무 일수나 시간에 대한 사항도 구직자들의 관심대상이다. 삶의 질을 우선하는 시대다 보니 시간을 중시하게 된 것이다.

셋째, 내부직원에 의한 추천을 장려하면 구인활동에 도움이 된다. 가까운 사람들이 함께 일하는 것에 부작용도 있으나 직원 간 의사소통과 업무적응에 유리한 측면이 크다.

기본적으로 병원은 환자를 위한 곳이지만, 다른 한편으로는 직원들의 소중한 일터다. 가족의 생계를 부양하는 곳이자, 자신의 사회적 지위를 보증해 주는 역할을 하는 곳이기도 하다. 그래서 원장에게는 병원을 직원들의 생계를 책임지는 곳이자 발전할 수 있는 곳으로 만들어주어야 할 책임이 일정부분 있다. 직원에게 큰 기대를 하지 않는 병원에서 기대에 맞는 직원을 구하는 것은 불가능하다. 병원의 기대와 직원의 기대에 공통분모가 있는지, 역할을 감당할 가능성이 있는지를 확인하는 것이 면접이다.

그런데 이러한 면접도 준비되지 못할 때가 많다. 힘들게 찾아오는 구직자를 배려하지 못하고 면접 약속시간이 지나도 다른 업무가 바쁘다는 이유로 양해 없이 기다리게 하는 일이 많다. 면접을 진행할 때도 우리 병원에 대한 구체적인 설명은 하지도 않고 구직자에게 희망급여와 출근가능일자만 묻는 병원들도 많다. 우리 병원에 지원한 이유나 구직자 개인의 비전에 대해서도 묻지 않는다.

최근 대학졸업예정자를 대상으로 면접을 보게 되었는데 자신의 소신과 비전을 진지하게 표현하는 모습이 마음에 들었다. 우리병원에서는 DISC 및 MBTI 성격유형 테스트를 통해 짧은 시간이지만 구직자의 성격을 파악한다. 면접자도 병원의 면접과정이 마음에 들었는지 자신이 갖고 있는 직업관과 직장에 대한 희망사항을 구체적으로 이야기했다.

이렇듯 좋은 직원을 채용하기 위해서는 절차와 과정, 즉 준비가 필요하다. 직원채용이 중요하다고 말로만 할 것이 아니라 채용단계에서부터 어떤 직원을 채용할 것인지, 우리에게 적합한 직원에 대한 기준은 무엇인지 정해 놓고 채용을 진행해야 한다. 원장이 바쁜 경우 현실적으로 직접 챙기는 것이 쉽지 않다. 그럴 때는 사전에 충분한 논의를 통해 채용과 관련된 관리자를 두는 것도 좋은 방법이다.

직원의 지지를 받지 못하는 병원은 성장할 수도, 성공할 수도 없다. 병원은 인적 자원을 기본으로 한 서비스를 제공한다. 직원은 병원을 성공하게 할 수는 없을지 몰라도 실패하게 할 수는 있다. 많은 병원들이 직원이 중요하다고 이야기하지만 실천은 아직도 요원하다. 특히 아쉬운 점이 있다면, 오너인 원장이 직원과의 관계에서 양보와 배려를 하더라도 이를 제대로 전달하지 못하는 관리자가 있다는 점이다. 나 역시도 이점에 대해서 자유롭지 못하다. 인품이 미숙한 탓에 좋은 의도를 가졌다는 이유로 낮은 연차의 직원들을 배려하고 이해시키기보다는 이해해주길 바랐던 것 같다. 그저 듣기 좋은 말과 작은 선물로 그들을 돕고 있다고 착각하며 산 것은 아닌지 부끄럽다. 진심을 전한다는 것이 얼마나 어려운 것인지, 신뢰라는 것을 얼마나 조심스럽게 다루어야 하는지 알아야 한다.

성실한 직원은
성실한 병원문화가 만든다

원장과의 대화 때마다 빠지지 않는 것이 직원에 관한 이야기다. 많은 병원에 인사업무를 담당하는 전문 인력이 없다. 그러다 보니 힘들게 면접일정을 잡아도 원장이 구직자를 면접 보는 것이 아니라 구직자가 원장을 면접 보는 상황이 된다. 나는 최근에 구직자에게 합격통보를 했지만 출근 불가 통보를 받았다. 아직 일하지 않겠다는 믿기 힘든 변명으로 말이다. 많은 원장들이 병원의 성공 요소 중에 직원의 역할을 상위 순위에 올려놓지만 그에 따르는 관심과 노력을 기울이지 않는다. 직원을 투자가 아닌 비용으로만 보는 원장도 있다. 처음 병원을 개원한 원장의 경우 직원관리에 대한 원칙이 없어 좌충우돌 하다가 큰 어려움을 겪는 안타까운 경우도 종종 있다.

몇 년 전 내가 컨설팅했던 병원에서의 일이다. 컨설팅 초기에 직원들과 일대일로 면담을 진행했다. 직원들의 병원에 대한 첫 번째 불만은 청소인력에 관한 것이었다. 원장이 오래전부터 청소인력을 두기로 약속했는데 그 약속이 이행되지 않는다고 했다. 그래서 컨설팅 이후 2주가 지난 시점에 청소인력을 구했다. 청소인력이 출근 전 병원을 둘러보러 오는 날이 되었다. 그날은 내가 근무하는 날이 아니었기 때문에 사전에 원장과 직원들에게 동의를 구해 청소인력에게 병원을 보여 주기로 약속했다. 그런데 다급한 전화가 걸려왔다. 오후 일과가 시작되었는데 3명의 직원 모두가 점심시간에 무단 퇴사했다는 것이었다. 급히 병원에 도착해 당일 진료 스케줄을 조정하고 원장과 면담을 나눴다. 오후에 오기로 한 청소인력에게 병원을 보여주기 위해 점심시간에 그동안 미루어 왔던 재활용쓰레기를 직원들에게 처리하라고 한 것이 집단 퇴사의 원인이 된 것 같다고 했다.

나중에 퇴사 직원들에게 들은 말에 의하면 수개월의 개원기간동안 원장에게 쌓여있던 불신이 폭발했다고 한다. 그들의 주장에 따르면 기존 직원들이 하나둘 병원을 떠날 때 자신들도 불안했었는데 어느 날 사전 설명도 없이 컨설팅이라는 것을 받게 된 것도 기분 나빴단다. 그러던 중 청소인력을 위해 점심시간까지 빼앗는 것에 더 이상 자신들을 파트너로 인정하지 않는 것처럼 느껴져 원장에게 화가 났다는 이야기를 했다. 원장에게 확인한 결과 원장은 새 직원도 오는데 이전에 우리가 했어야 하는 일은 우리가 해 놓는 것이 좋겠다는 생각에 직원들에게 지시한 것이라고 말했다. 아무리 화가 나더라도 오후에 예약해 놓은 환자들에 대한 책임감 없이 무책임한 행동을 한 직원들을 용서할 수 없다는 이야기도 했다.

지금 생각해 봐도 직원들이 무책임했다는 생각이 들기도 하지만 당시 그 병원의 문화가 그 상황을 만든 것이다. 예민해져 있을 직원들에게 좀 더 세심하게 접근하였으면 어땠을까 하는 아쉬움도 있다.

그렇다면 위의 상황과는 다른 좋은 병원문화는 어떻게 만들 수 있을까?

첫째, 병원의 수준은 원장의 기대만큼 도달한다. 환자가 병원을 방문했을 때 직원들이 인사도 하지 않고, 환자 앞에서 자신들끼리만 대화를 하거나 헝클어진 머리와 복장을 하고 있다면 원장의 탓이 크다. 원장이 허락하지는 않았어도 문제를 제기 하지 않았기 때문에 직원들이 그러고 있는 것이다. 가끔 내가 문제제기를 해도 원장이 그게 문제냐고 반문하는 경우도 있었으며, 원장 스스로도 환자에게 그렇게 대했다. 그리고 문제인 것은 알고 있었으나 해결책은 제시하지 못해 그냥 '언젠가는 잘하겠지'라고 생각한다는 원장을 본 적 있다. 재미있는 것은 그렇게 옷매무새도 갖추지 않고 동료직원들과 잡담하며 환자들과 눈도 마주치지 않던 직원도 다른 병원에서 근무하면 달라진다는 사실이다. 병원의 문화는 원장의 성실함에 기인한다. 직원이 고객을 어떻게 대할 것인지 원장의 기준을 제시하고, 교육을 통해 계속 알리고, 일에 대한 자신의 생각을 전달하고, 직원들이 좋은 문화를 만드는 일에 정신적·물질적 지원을 한다면 자연스럽게 좋은 병원이 될 수 있다.

둘째로는 병원문화를 만드는 데는 원장 혼자 만드는 것이 아닌 관리자의 역할이 매우 중요하다. 특히, 관리자가 원장의 경영철학을 이해하지 못했을 때 병원은 어려운 상황에 빠지기도 한다.

몇 년 전 관리자로서 함께 근무했던 상담실장은 인격이나 인품이 내가 아는 어떤 실장보다 훌륭했다. 출근도 제일 먼저하고, 직원들을 위해 많은 것을 희생하며 근무했다. 환자에게도 친절하고 후배들에게도 모범이 되었으나, 결정적으로 자신의 역할과 성장에 대한 관심이 없었다. 이전에는 직원이 3~4명인 병원에서 매출에는 관심이 없었던 원장과 일했던 그는 시간이 지날수록 힘들어했다. 우리가 근무한 병원은 직원이 10명 이상이고 매월 고정지출만 6,000~7,000만 원이 소요되는 큰 규모였다. 그래서 매출목표도 자연스럽게 1억원 이상이었다.

실장은 직접 진료에 투입되는 것보다 직원들에게 교육, 훈련시키는 업무를 더 중요하게 생각해야 한다. 하지만, 그는 소규모의 병원에서만 관리자로서의 역할을 해 보았고, 서비스, 경영 등의 업무에 관심이 없었다. 특히, 원장의 핵심가치 중 하나인 '성장'에 동의하지 못해 병원이 추진하고자 하는 많은 것을 어려워했다. 결국 실장은 병원과의 협의를 통해 원만하게 퇴사하게 되었다. 그때의 사건으로 인해 나는 관리자는 성품도 중요하지만 원장과 철학이 공유되어야만 함께 좋은 문화를 만들 수 있게 된다는 것을 알게 되었다.

이후 1년여의 우여곡절 끝에 이전에 함께 다른 곳에서 교육프로그램을 진행했던 실장을 관리자로 영입한 후에야 병원문화를 만들 수 있는 기초가 마련되었다. 지금은 인사, 마케팅, CS등 많은 부분에서 좋은 방향으로 병원문화가 만들어지고 있다. 예전에는 내부세미나 또는 외부교육을 직원들에게 추천해도 관리자의 눈치를 보며 직원들이 신청하지 못하는 상황도 있었다. 그러나 최근에는 오히려 자신들에게 적합한 교육이나 세미나를 요청하는 모습을 보면서 병원의 문화가 많이 달라졌음을 느낀다. 지금은 업무 전에 잠시 교육의 시간을 갖고, 당일 진료에 대한 의견도 교환하는 발전적인 모습도 볼 수 있다. 또한 이전에는 경영지원파트에서 추진하는 일정들에 대해 직원들이 수동적으로 반응했지만 지금은 연간계획, 월간일정, 교육계획 등을 스스로 제안하는 등 모든 직원들이 병원의 경영 전반에 큰 관심을 보이며 참여하고 있다.

이렇듯 성실한 병원문화는 원장과 직원들이 서로 철학을 공유하며 만들어야 한다. 아울러 문화라는 것은 단기간의 목표가 아닌 중장기적인 계획으로 꾸준한 관심과 노력이 있어야만 만들어지는 것이다. 잘되는 병원에는 그 병원만의 고유한 문화가 있다. 그리고 그 문화를 만들어 가는 성실한 원장과 관리자, 직원이 있다.

출근하고 싶은
직장을 만들어라

어떤 직장이 좋은 직장일까? 일은 조금하고, 월급을 많이 주는 직장이 좋은 직장일까? 영원히 그럴 수 있다면 몰라도 요즘 시대에는 그렇게 되면 직장이 먼저 사라질 것이다. 그렇다면 현실적으로 좋은 직장은 무엇일까? 구성원 모두가 아침에 눈 떠서 출근하고 싶은 직장이 좋은 직장이 아닐까 생각한다.

우리가 일하는 병원이란 곳은 다양한 전문가들이 모여 있는 곳이기 때문에 각자의 이해관계가 대립되는 상황이 발생하기도 한다. 오너인 원장의 입장에선 환자의 원활한 진료와 매출 안정이 우선일 것이고, 진료팀 직원들은 원장과 팀원과 환자의 진료만족이 우선업무일 것이다. 전화응대, 환자 예약 및 수납, 진료 후 주의사항을 안내하는 데스크 직원들은 고객만족이 우선되기도 한다. 경영부서 직원은 직원, 환자의 만족도 및 경영전략, 매출상황이 중요하기 때문에 다른 부서 직원과 다른 관점으로 업무에 임한다.

그럼에도 모든 구성원의 공통점은 직장생활이 자신의 삶에 의미를 가질 수 있어야 한다는 것이다. 나는 직원들이 인생의 목적을 갖고 병원 근무에도 주도적이길 바란다.

예전에 A상담실장과 대화를 나눈 적이 있다. 자신은 열심히 병원에서 일하고 싶지만 아무리 일해도 원장이 될 수 없고, 병원이 잘되어도 자신에게는 별다른 이익이 없어 열심히 하지 못하겠으며, 그러다 보니 매일 아침에 출근하는 것이 즐겁지 않다는 것이었다. 다람쥐 쳇바퀴 돌듯 정해진 업무에 익숙해진 병원종사자들은 매너리즘에 빠지기 쉬운 환경에서 근무하고 있다. 목적이 없는 삶의 결과이다.

그런가 하면 목적을 가지고 즐겁게 살아감으로써 같이 일하는 동료에게 자극이 되는 경우도 있다. 함께 일했던 B 상담실장은 항상 가장 일찍 출근해 커피를 내리고, 출근하는 직원들에게 밝은 인사로 병원의 아침 분위기를 좋게 만들었다. 가끔씩 한쪽에만 화장을 짙게 하는 일이 있어 이유를 물었다. 실장은 아침 일찍 출근하다 보니 자고 있는 아이를 깨울까 봐 스탠드만 켜고 화장을 하는데 조명이 얼굴 한쪽만 비춰 화장의 좌우가 다르게 화장이 된다고 답했다. 직원들은 실장의 일에 대한 열정과 가족에 대한 헌신에 깊은 감동을 받았고 함께 하는 동안 즐거운 직장생활을 할 수 있었다.

대부분의 병원은 직원이 많지 않고 같이 근무하는 시간이 길다 보니 인간관계가 직장생활의 즐거움을 좌우한다. 원장과 원장과의 관계, 원장과 직원과의 관계, 직원과 직원과의 관계 모두가 좋은 병원은 직장생활이 즐겁다. 그런 점에서 관리자의 역할이 중요하다. B 상담실장과 같이 관리자로서 모범이 되고, 직원에게는 원장의 입장을 원장에게는 직원의 입장을 잘 전달하는 역할이 필요하다. 때로는 범퍼처럼, 때로는 메신저처럼 가교 역할을 잘하는 실장에게는 모두가 마음을 연다.

그렇다면 직원들은 좋은 직장을 위해 어떤 역할을 해야 할까?

사회생활을 한 지 얼마 안 되는 사람의 면접을 진행할 때마다 당황스러운 것이 있다. 병원에 바라는 점을 물어보면, 많이 가르쳐 주는 병원이었으면 좋겠다고 말한다. 학교생활과 직장생활을 구분하지 못하고 하는 말이다. 직장은 성과를 내고, 구성원의 생계를 유지하며, 자아를 실현하고자 하는 삶의 현장이다. 신입직원으로서 직무에 필요한 업무를 배워야 할 필요는 있겠지만 이제는 학생이 아닌 직장인이다. 자신의 업무를 다른 사람이 책임질 수 없다. 사회인은 자신의 일을 찾아서 해야 한다. 자신이 하는 일에서 성과가 나오지 않는다면 지식이 없어서인지, 숙달이 안 돼서인지, 태도의 문제인지 스스로 반문해 봐야 한다. 문제는 찾으려 하지 않고 원장이나 관리자만 바라보는 직원들을 볼 때면 안타깝다. 업무적으로 아직도 성인이 되지 못한 것이다. 그렇다 보니 자신이 생각한 것과 다르면 쉽게 포기한다. 그런 사람은 어느 직장에서든 마찬가지다. 스스로 자신의 스케줄을 조절하지 못하고, 자신에게 부족한 것이 무엇인지 고민하고 해결책을 찾으려고 노력하지 않는다면 인생을 낭비하는 것이다.

스스로가 성장해야 할 시기라고 생각한다면 최소한 1년 후 또는 5년 후 목표를 세워야 한다. 그리고 좋은 멘토에게 배우고, 스스로도 훈련해야 한다. 함께 일하는 선배만을 멘토로 떠올릴 필요는 없다. 외부 교육과 독서를 통해 자신의 실력과 의식을 넓힐 수 있다. 좋은 세미나를 다니고, 독서 토론에도 참여하고, 마음이 맞는 사람들과 공부하면 어디서든 환영받는 인재가 될 수 있다. 스스로가 인재가 되어야 삶에 여유가 생긴다. 그러면 업무에 일희일비하지 않고 즐겁게 살 수 있다.

병원의 좋은 분위기는 원장이 만든다. 원장은 많은 시간을 병원에서 보내기 때문에 직원과의 관계가 삶을 질을 좌우한다. 대부분의 원장들은 주 6일 근무에 야간진료까지 한다. 오랜 시간을 직원들과 함께 지내다 보니 직원과 좋은 관계를 유지하는 것이 어렵다. 다행히 병원 직원들은 원장의 권위를 인정한다. 오너이기도 하지만 의사로서의 업무를 존중하기 때문이다.

원장이 병원의 분위기를 좋게 하는 가장 효과적인 방법은 직원을 인정해 주는 것이다. 인정이라고 해서 무조건적인 칭찬만을 말하는 것은 아니다. 직위에 따른 권한을 적절히 주는 것이 인정의 핵심이다. 실장임에도 불구하고 직원들과 오붓한 회식 한번 못하는 상황이라면 인정받고 있지 못한 것이다. 데스크 막내직원이라도 2~3만 원 정도의 문구는 원장의 결재 없이 사용하는 권한이 있어야 인정받고 있다고 할 수 있다.

병원 직원이 수동적인 이유는 대부분 원장에게 있다. 업무의 효율성을 높일 수 있는 자발적인 아이디어를 제한하는 것이다. 특히 미덥지 못하다는 이유로 업무와 관련된 자율성을 주지 않으면 어느 순간 하나부터 열까지 원장이 신경 써야 하는 상황이 벌어진다. 원장의 일과 직원의 일은 따로 있다. 원장이 직원의 일을 하면 직원은 보고 있을 수밖에 없다.

처음부터 모든 업무를 맡기기가 어렵다면 최소한 초안은 직원이 준비하게 훈련시켜야 한다. 예를 들면 워크숍에 대한 원장 자신의 생각을 직원들과 나눈 뒤 구체적인 세부사항을 만들어 보라고 지시한다든가 병원 비품 필요 목록을 담당자를 정해 월 1회씩 올리면 원장이 승인하는 방식으로 진행해도 좋다. 일을 맡기고 어느 정도 안정되는 시기가 되면 자율성을 확장해 주는 것이 원장에게나 직원에게나 필요하다.

가끔 원장의 가족이 병원을 관리하는 일도 있다. 그런 경우 근무를 공식화시키고, 정상적인 절차로 업무를 지정해 주어야 한다. 그래야 가족도 직원도 불편하지 않다. 그렇지 못하면 원장이 둘이 되는 것이다. 가족의 성격이 관계 지향적이라 직원들과 잘 융화가 된다면 직원들의 어려움은 덜할 것이다. 이럴 경우에 가족 간 사이가 소원해질 수도 있다. 그리고 함께 근무하는 가족의 경우 직원에게 고마움을 느끼기보다 부족함을 먼저 본다. 직원 입장에는 쉽지 않은 근무조건이다.

출근하고 싶은 직장은 원장이나 실장, 직원이 만들어 주는 것이 아니다. 각자의 역할에서 서로를 인정하고, 노력할 때 완성되는 것이다. 스스로가 자신의 일에 대한 애정과 의지가 있다면 매일의 출근이 즐거울 것이다. 신기하게도 다른 사람에게 기대하지 않고 먼저 좋은 분위기를 만드는 사람이 되면 행복해진다. 나로 인해 출근하고 싶은 직장을 만들어라.

직원에게
열정을 불어 넣어라

여성이 많이 근무하는 의료업은 그 특성상 어려움이 있다. 많이 나아졌지만 아직도 우리 문화는 직장에 근무하는 여성에게 호의적이지 못하다. 여성은 결혼과 동시에 3번 정도 퇴직을 고민하게 된다. 결혼할 때 남편의 직장과 자신의 직장이 거리가 멀어 한쪽이 포기해야 하는 경우 대게 아내가 직장을 옮긴다. 수입에 상관없이 가정경제의 책임자는 남편이고, 아내는 보조자라고 생각하기 때문이다. 특히 병원의 경우 일반기업보다 구직이 쉽다는 것도 이런 현상을 부추긴다. 두 번째는 출산 때문이다. 출산휴가와 육아휴직 제도를 사용하지만 아기를 맡길 수 있는 형편이 되지 않으면 직장을 그만두기도 한다. 마지막 고민은 아이가 초등학교에 입학할 무렵이다. 이전까지 시집, 친정, 어린이집에서 육아를 대신 해 주었더라도 아이가 초등학교에 입학하면 엄마의 역할을 하고 싶어 한다.

한 병원이나 개인이 할 수 없는 국가적인 정책이 필요한 부분이다. 마음 편히 아이를 맡겨놓고 일할 수 있는 시스템이 필요하다. 그런 점에서 병원에 직장 어린이집이 있는 경우 육아의 어려움이 줄어 근무하기 좋은 직장이 된다. 서울대학교 병원, 분당서울대학교 병원, 인천 성모병원, 울산대학병원에서 운영하고 있다. 앞으로 더 늘어날 계획이다. 그러나 대다수는 한참 역량을 발휘할 시기에 육아를 해야 하는 형편이다. 국가 보육정책이 가장 필요한 곳 중에 하나가 의료계인 것이다.

경력단절 여성근로자를 위한 파트타임 근무도 고려해 볼 수 있다. 일산의 뉴욕모아치과는 파트타임이 직원이 풀타임의 직원의 3배 이상이다. 그러다 보니 평균연령은 40세를 넘었고, 장기근속자 비율도 높다. 그런데 실제로 이런 형태로 병원을 운영하려면 파트타임이더라도 책임감을 가지고 근무해야 한다는 취업당사자의 인식전환은 물론, 기업체와 내부구성원의 공감대가 필요하다. 내가 직접 뉴욕모아치과 김숙현 매니저와 인터뷰한 결과, 지금 시스템이 안착되는데 10년이 걸렸다고 한다. 구성원 모두의 의지가 없다면 쉽지 않다.

직원이 열정을 갖지 못하는 큰 이유는 병원에서 근무하는 다수의 직원들이 수동적인 역할에만 머문다는 것이다. 거의 모든 의사결정권이 원장에게 있다 보니 직원의 역할에만 충실하게 되고, 일을 주도적으로 하지 않게 된다.

　몇 년 전, 병원 근무자들이 왜 소극적이고 수동적인지 세미나를 연적이 있었다. 대다수의 직원들이 젊은 여성이다 보니 나이도 많은 남성인 원장의 지시에 문화적으로 순응한다는 것에도 공감했다. 간호사, 치과위생사등 근무 인력은 새롭게 구할 수 있는 일자리가 많다는 것이 오히려 직장생활의 소중함을 알지 못하게 하는 원인이 되는 경우도 있다. 많은 일자리로 파랑새 증후군(현재에 만족하지 못하고 막연한 이상만을 추구하는 증세)이 생겨 다른 병원이 여기 병원보다 좋을 것이라고 여기는 것이다.

　2005년 취업설명회로 방문했던 신성대학교 치위생과의 최부근 교수는 미래에는 치과위생사도 능력이 없으면 도태된다고 말했다. 경력만큼 업무를 수행하지 못하는 직원들을 마주할 때마다 최부근 교수의 말이 떠오른다. 지금은 구인난에 그럭저럭 버티겠지만 언제까지 연차 오른다고 급여도 올려달라고 주장할 수 있을까?

　병원이 개원만 하면 성공했던 시대에는 성장에 따른 과실을 직원들에게 나누는 것이 크게 부담이 되지 않았다. 하지만 지금은 성장은 고사하고 현상을 유지하는 것도 힘든 병원이 얼마나 많은가? 게다가 고정 비용은 지속적으로 증가하는 상황에 경영자인 원장이 할 수 있는 거의 유일한 구조조정은 인건비 부분이다. 물론 원장과 직원이 힘을 모아 병원이 성장할 수 있다면 성장에 따른 인건비 증가분은 부담이 되지 않을 수 있다. 하지만 병원이나 개인의 성장이 없는데도 연차가 증가했으니 급여를 올려달라는 직원들의 요구는 무리한 것이다. 급여는 개인의 열정으로 인한 성과가 발생했을 때 상승하는 것이 자연스러운 것이다.

$$E = MC^2$$

내가 열정을 이야기 할 때마다 떠올리는 공식으로, 켄 블랜차드의 《경호!》라는 책에 나온 것이다. E는 Enthusiasm(열정), M은 Misson(사명), C는 돈(Cash)와 격려(Congratulation)을 나타낸다.

사명, 돈, 격려만으로 열정을 만들 수 있다는 켄 블랜차드의 진의가 담겨 있다.

나는 병원에서 근무하는 직원들에게 그곳에서 근무하고 있는 이유를 묻고 싶다. 면접을 보고 조건이 맞아 근무하고 있다면 자신이 선택한 일일 것이다. 그것이 아니라 교수님 때문에, 부모님 때문에 지금의 병원에 근무하고 있다면 시간을 낭비하지 말고 본인이 행복한 일을 찾기를 권하고 싶다. 인생을 낭비하지 마라. 시간이 바로 인생이다.

병원과 함께 하기로 했다면 병원과 나의 비전을 위해 최선을 다하는 것이 당연하다. 원장은 내 인생을 책임지는 사람이 아니다. 책임을 질 수도 없다. 원장이 직원의 개인적 비전까지 만들어 줄 수는 없다. 직원 스스로 병원의 사명을 자신의 것으로 만들 수 있어야 한다. 예를 들어,

김기록치과의 직원이라면 행복한 기록을 스스로 연결해야 한다. 나는 김기록치과에서의 업무가 내 인생의 행복한 기록이 되고 있다고 믿는다. 내가 이 책을 쓴 있는 여러 가지 이유 중에는 김기록치과의 치과연구소장으로서 사명도 포함되어 있다. 개원하려는 치과의사들을 돕는 행복한 기록을 위해 공인중개사 자격을 취득하고, 법적·제도적 책임을 위해 매년 비용을 지불해 공제보험에 가입했으며, 공인중개사 사무실도 오픈했다. 최신 트렌드를 따라가기 위해 세미나에 참석하고, 치과계 월간지에 기고도 하고 있다.

이 모두가 내가 운영하는 회사인 리스펙트 병원컨설팅의 사명과 김기록치과에서 행복한 기록의 일환이 될 수 있다고 믿기 때문에 가능한 일이다. 직원들의 열정은 억지로 만들어지지 않는다. 자기 스스로 성장 계획과 실천 계획을 만들어 병원의 비전과 목표에 부합시켜야 한다.

그렇다면 리더인 원장과 관리자는 직원들의 열정에 어떤 역할을 해야 하는가? 병원의 목표를 설정하고 피드백과 평가를 통해 성과를 낼 수 있도록 도와야 한다. 물론 여기서 말하는 성과는 조직의 성과와 함께 직원 개인의 성과까지도 포함하는 것이다. 조직의 사명은 어떻게 하면 조직의 목표를 달성할 지 고민하고 노력해서 결국에는 성과를 내는 것이다. 이와 더불어 어떻게 하면 구성원이 효율적으로 업무를 수행할지, 구성원들에게 필요한 역량을 어떻게 높일지, 교육 분위기를 어떻게 하면 원활하게 구성할지가 과제다.

병원에서 업무분장을 할 때는 직원의 희생만을 강요하지는 않는지 유의해야 한다. 병원의 미션과 직원의 미션을 공유하고, 병원의 비전은 물론 직원의 비전까지도 관심을 갖고 함께 성장하는 것이 직원에게 지치지 않을 열정을 주는 것이다. 간혹 병원이 성장하면 개인은 당연히 성장할 것이라는 믿음으로 열정적으로 업무를 수행하는 실장들을 보게 된다. 그런데 그렇게 자신의 삶을 병원에 올인하는 실장은 조직이 자신의 의지대로 되지 않는다는 것을 알았을 때 깊은 슬럼프에 빠지기도 한다. 병원은 잠깐 하고 사라지는 사업이 아니다. 1년 365일, 수년, 수십 년간 환자와 병원간의 신뢰가 쌓여야 하는 마라톤과 같다.

그러므로 원장과 관리자는 직원에게 필요한 열정을 병원의 비전과 공유할 수 있도록 돕는 역할에 충실해야 한다. 이 역할이 충실하면 신뢰도 쌓을 수 있다. 직장에 자신의 삶을 뺏긴다는 마음이 들면 직장생활에 열정을 가질 수 없다. 직장은 구성원의 삶을 뺏는 곳이 아니라 행복하게 돕는 역할을 하는 곳임을 기억해야 한다.

고객관리 서비스 교육에 집중하라

통계청 발표 고객만족도 결과 일반병·의원 만족비율은 48.1%, 치과병·의원 만족비율은 48.9%, 한방병·의원 만족비율은 53.4% 종합병원 만족비율은 53.3%로 발표되었다.

아직도 절반의 고객들이 병원 이용에 만족하지 못한다는 뜻이다. 그런데 과거 내가 근무했던 치과에서 평가한 고객만족도는 5점 만점에 4.7점이었다. 나름 객관적인 평가를 받고 싶어 환자 대기실 음료코너 옆 숨겨진 공간에서 자유롭게 평가를 할 수 있게 한 것임에도 높은 점수가 나온 것이다. 자랑하려고 하는 말이 아니다. 자체 고객만족 평가만을 믿지 말기를 바라는 마음에서 쓰는 것이다. 고객만족도 평가를 직접 실시할 때와 외부 기관을 통했을때 차이가 발생하는 원인은 고객의 속마음이 평가와 일치하지 않기 때문이다.

나는 얼마 전 인터넷 서비스 회사를 변경했다. 속도가 빨라질 것이라는 기대로 변경했으나 이전과 품질 차이를 느끼지 못했다. 무선 서비스는 오히려 이전보다 품질이 떨어진 것 같았다. 그런데 며칠 지나서 통신사에서 전화를 걸어와 서비스에 만족하는지 질문했다. 솔직히 만족하지 못했지만 설치기사가 곤란해질 것 같아 그냥 '매우 만족'이라고 답했다. 이렇듯 환자들이 만족을 말한다고 모두 믿는 것은 어리석은 일이다.

나는 병원에서 환자들이 체크해주는 만족도 평가보다 매월 경영평가를 통해 확인하는 신환소개비율 추이를 더 정확한 서비스 평가 지표로 삼고 있다. 누군가에게 병원을 소개하는 고객은 진심으로 병원의 서비스에 만족했다고 믿기 때문이다. 나뿐만이 아니라 대부분의 연구나 자료에서도 이러한 주장을 하고 있다. 잘되는 병원은 신환의 소개비율이 최소 50%에서 최대 90%에 육박한다. 따라서 신환의 소개비율을 고객만족평가보다 병원의 서비스에 대한 객관적인 데이터로 삼는 것이 합리적이다.

그렇다면 제대로 된 고객만족을 만들기 위해선 어떤 노력을 해야 할까? 그것은 고객관계관리, 바로 CRM(Customer Relationship Management)이다.

나는 이전 병원들에서 CRM을 진행하면서 몇 번의 소중한 실패를 경험했다. 되돌아보니 내부직원과 협력 없이 단지 매출 증가의 차원에서 접근했던 것이 실패의 이유였다. 내가 진행한 CRM은 신환고객의 상담을 정리해 상담동의가 되지 않은 고객들에게 다시 전화를 걸어 설득해서 병원으로 오게 하는 프로그램이었다.

그러나 내부직원과의 소통 없이 진행되었기 때문인지 다시 온 고객들이 데스크에서나 진료실에서 두 번 실망을 겪는 상황을 만들었다. 환자들의 클레임에 더불어 내부직원의 불만도 늘어나는 악순환을 경험한 후 CRM을 부담스럽게 여긴 때도 있었다.

하지만 프로그램의 문제가 아닌 운영의 문제였다는 생각을 갖게 된 이후에는 내가 CRM을 주도하는 것이 아닌 지원하는 쪽으로 방향을 바꾸었다. 이때, 원장을 포함한 내부직원의 CRM에 대한 기본적인 이해와 교육의 필요성을 갖게 되었다.

우선 CRM은 나처럼 매출증대의 목적으로만 접근하면 문제가 발생한다. 나는 이전에 고객은 자신의 병을 낫게 해주기 때문에 관심을 갖고 자주 올 수 있게 돕는다면 대부분이 병원에 고마워 할 것이라고 생각했다. 그러나 환자들은 가급적 병원을 가고 싶어 하지 않는다. 가더라도 빨리 돌아가고 싶은 마음이 있다. 그렇다면 병원 CRM은 환자가 가고 싶지 않은 곳을 가급적 가지 않을 수 있게 도와주는 방향으로 실행하는 것이 옳다고 할 것이다.

어설프게 전화를 걸어서 기억나지도 않는 치료계획을 설명하고 무조건 치료하라고 종용할 것이 아니라 지난번 진료는 불편하지 않았는지, 이달에 비급여 진료의 무상 정기검진프로그램이 종료됨을 알려주고,

건강보험공단에서의 변경된 정책에 해당되는 환자에게 내용을 전달하는 등 환자에게 이득이 되는 정보를 제공해야 한다. 한 예로 매년 1회에 한해 치과원장의 진단으로 인한 치주 스케일링의 경우 12월 31일이 지나면 년 1회 스켈링 진료의 권리가 소멸된다. 이 내용을 10월 혹은 11월부터 안내하면 고객에게 도움이 될 것이다. 병원의 안내로 이런 정보를 알고 활용할 수 있는 고객이 얼마나 있을까?

또한 CRM의 목적은 고객만족임을 잊지 말아야 한다. 그것은 환자의 입장에서 병원을 보려고 노력해야 한다는 것이다. 아침에 출근해서 출입문, 현관유리문이 깨끗한지 확인하고, 대기실이나 진료실에 꺼진 등이 있는지, 청소상태는 좋은지, 홈페이지·전화응대·접수·주차· 예약수납·입원·수술·퇴원의 각 접점별 응대메뉴얼을 만들어 정기적으로 관리해야 한다.

앞에서도 언급했지만 요즘은 CRM을 넘어 환자경험관리(Patient Experience Management)라는 영역이 주목받고 있다. 미국의 의료보험제도에서는 HCAHPS점수를 기반으로, 입원환자의 진료비 지급을 연계시키고 있어 환자의 경험이 진료비의 차이를 만들 만큼 중요한 사항이다. 우리나라 건강보험공단 심사평가원에서도 환자경험평가 분과위원회를 설치·운영하고 있으며 환자경험 평가체계 마련을 추진하고 있다. 이런 공적기구의 공식적인 평가체계와는 별개로 병원에서의 환자경험관리는 현재 병원 CRM의 핵심이라고 할 수 있다. 의료의 최종소비자인 환자경험관리가 이루어진다면 그에 따르는 고객만족은 자연스럽게 충족될 것이기 때문이다.

내가 근무했던 병원에서도 6개월간 전문컨설팅을 통해 환자경험관리를 개선하였다. 덕분에 이전에는 발견하지 못했던 다양한 영역에서의 개선이 이루어지는 성과가 있었다. 병원 입장에서 작성되었던 접점별 응대매뉴얼도 환자의 관점으로 수정되어 더욱 만족할 만한 환자경험관리의 기반이 되었다. 환자대기실에서 고객접점 서비스 수준이 향상되었고, 병원과 환자의 커뮤니케이션도 활발해졌다.

무엇보다 직원 간의 커뮤니케이션이 효율적으로 변하는 계기가 되었다. 고객에 대한 접근으로 시작한 것이 경영전반에 관련된 사항으로까지 발전해 직원과 병원 간의 의사소통이 원활하게 된 것이다. 환자경험관리를 도입함에 있어서 많은 부분이 경영진의 일방적인 지시가 아닌 직원들의 참여로 만들어진 것이다. 그렇다 보니 직원들의 업무집중도나 근무만족도도 높아졌다. 또한 병원의 철학과 방침을 공유하지 못하는 직원은 근로계약을 종료하는 등 직원들 내부 문제도 자연스럽게 해결되었다.

병원만족서비스를 위한 CRM을 병원 업무에 실천함에 있어서 개인적으로 아쉬운 점이 있다. 보험과 병원이나 동네병원에서는 CRM에 대한 필요성을 간과한다는 것이다. 환자부담금이 높지 않고 치과, 성형외과, 피부과등 비급여과보다 상대적으로 경쟁이 덜하다보니 CRM에 대한 관심이 적은 것 같다. 그러나 위에서 언급한 바와 같이 환자가 오고 싶지 않은 곳임에도 꼭 필요할 때 도움을 주는 곳이 되기 위해서는 오히려 보험과 CRM의 도입이 더 필요하다. 겨울이 되기 시작할 무렵 독감예방 정보를 제공을 하고 영유아와 관련된 성장기에 맞는 정보를 제공하는 등 고객에게 필요한 정보를 적기에 제공하여 그들의 니즈를 사전에 제공할 수 있다.

처음에는 적절한 정보를 제공하는 것이 쉽지 않은 일일 수도 있겠으나 연간업무계획에 따른 월간계획에 기재해 업무를 진행하면 그리 어려운 것도 아니다. 병원의 업무 패턴은 계절별 또는 월별 일정에 따라 진행되므로 매년 연말에 내년에 진행될 사업계획을 미리 정할 수 있다. 내가 실무로 참여했던 치과의 경우 1월 겨울방학을 이용한 교정환자 진료방안, 3월 신학기 학교검진 프로그램 활성화 방안, 5월 가정의 달 부모님 병원이용 프로젝트, 7월 여름방학 학생 예방진료 안내, 10월 시린이 줄이기 캠페인, 11월 수능생(예비대학생)을 위한 교정 진료 안내 등을 상품으로 만들어 안내하고 있다.

이처럼 병원에서의 고객관리 서비스는 환자를 위해 어떻게 하면 적당한 때에 방문하도록 유도해 환자의 건강과 삶을 좋게 만들어 줄 수 있느냐를 고민하는 일이라고 할 수 있다. 그런 고민에 환자에 대한 관심과 애정이 쌓일수록 환자는 병원에 대한 로열티가 커질 것이고, 병원과 환자와의 관계는 보다 친밀한 관계가 될 수 있을 것이다.

잘 나가는 병원에는 경영실장이 있다

많은 병원 직원들이 주어진 업무 이외의 업무는 하려 하지 않는다. 내 생각에는 일을 시키는 사람이나 일을 하는 사람 모두가 병원의 고유 업무인 환자를 진료하는 일과 진료를 돕는 업무 이외에는 관심을 두지 않기 때문이다. 그렇게 운영이 되다보니 매일 하는 업무가 일상이 되고, 무엇이 잘못되었는지도 모르는 상황에서 어려움이 생기기도 한다. 예전처럼 병원이 얼마 없던 시절에는 개원한 원장이 오랜 시간 동안 좌충우돌하며 경영을 몸소 배울 수 있었으나 지금은 경쟁이 심한 지역에 개원을 했다면 고유 업무 이외의 관리 업무를 할 수 있어야 효율적으로 경영할 수 있다. 병원에서 경영 효율성을 높이는 업무는 대부분 '중요하지만 급하지 않은 업무'이다. 정보시스템을 갖추지 못한 것이다.

병원이 잘되면 잘 될수록 원장은 급하고 중요한 '진료'에 매몰될 수밖에 없다. 병원이 잘된다는 것은 매출이 다른 병원의 평균보다 최소 2~3배가 된다는 것이다. 그런데 가격을 스스로 결정할 수 없는 우리나라 의료의 특성상 결국 진료를 2~3배 해야 한다는 결론이 된다. 그래서 원장은 병원이 잘되면 진료에 집중할 수밖에 없다. 진료에 매몰된다는 표현이 더 정확하다. 그렇기 때문에 병원이 성장하려면 급하지는 않지만 중요한 업무를 원장이 아닌 누군가가 대신할 수 있어야 한다. 내 경험상 직원수나 매출이 업계 평균의 1.5~2배 이상이면 실장이 경영부분 관리자 역할을 할 수 있어야 한다. 만일 3배 이상이면 인사, 마케팅에 관한 업무가 필요하므로 총괄실장이나 경영실장이 반드시 필요하다.

병원에서 중요하지만 급하지 않은 업무는 주로 경영과 관련된 업무다. 기획, 인사, 마케팅, 재무업무가 이에 해당 된다. 직원이 대신할 수 있는 업무는 크게 두 가지가 있다.

첫 번째는 사업을 기획·계획하는 업무이다. 병원에서 이 말이 낯선 이유는 대부분의 병원에서 하는 업무가 정해져 있기 때문이다. 정해진 과를 갑자기 변경할 수도 없고, 매일, 매월, 매년 정해진 일을 하는 것이 계획이 경우도 있다.

그러나 우리 병원의 장래를 생각해 보자. 성장을 목적으로 한 병원인지, 유지를 목적으로 하는 병원인지, 이전을 계획하는 병원인지, 은퇴를 계획하는 병원인지에 따라 다른 기획과 계획들이 생길 것이다.

인사, 마케팅, 매출은 기획이 필요한 업무이고 세무신고 일정은 구체적인 실행과 피드백이 필요한 업무이다. 사업을 기획과 계획 없이 진행하다 보면 우왕좌왕하게 된다. 나침반 없이 항해하는 것과 같다. 구성원들의 노력이 성과로 이어졌는지 측정할 수 있는 근거도 없다.

그래서 나는 각 병원들이 계획에 따른 병원 운영을 하길 권한다. 매월 한 가지씩 사업계획을 만들어 1년 동안 진행해 보면 이전과는 다른 것을 경험할 수 있다. 병원매출과 비용도 전년도에 미리 사업계획으로 만들어 목표를 정해 두면 구성원들이 집중해야 할 업무와 적절한 시기에 맞는 업무가 구체적으로 정해질 수 있다. 특히 매출의 경우 일괄적으로 월 얼마를 목표로 하는 곳이 많은데 그보다는 병원마다 가지고 있는 이전년도 월 매출을 적용해 1월부터 12월의 매출목표를 정하는 것이 효과적이다.

이렇게 하는 이유는 획일적으로 동일한 월 매출 목표를 정하면 구성원들의 노력과는 무관하게 성공하기도, 실패하기도 하기 때문이다. 성과와 관련된 자료를 찾아보면 일반적으로 성공확률이 50%일 때 직원들의 동기부여가 최대가 된다고 한다. 하지만 의료업은 서비스를 늘리는 것이 어렵다는 현실을 감안하면 성공확률이 70%정도일 때 직원들의 동기부여가 최대가 된다.

(단위: 만 원)

	2020년	2021년	2022년(목표)
1월	5,985	6,520	6,937
2월	5,147	5,532	5,916
3월	6,564	6,996	7,505
4월	6,819	7,206	7,756
5월	5,495	5,849	6,278
6월	2,782	5,551	4,888
7월	5,558	5,700	6,207
8월	7,296	7,860	8,398
9월	3,601	3,856	5,923
10월	3,556	3,958	5,991
11월	3,485	3,444	5,458
12월	3,658	3,995	6,090

위 표는 2022년 사업계획으로 작성된 목표매출의 예시다. 2020년 비중을 40%, 2021년 비중을 60%로 정한 후 2022년은 10% 매출 상승을 목표로 작성했다. 병원의 매출목표를 월 단위로 정해 놓으면 목표가 생기게 되어 자연스럽게 동기유발로 이어진다. 목표에 필요한 구체적인 방법을 만들어서 실행하게 되면 구성원들 모두가 병원 경영에 참여하게 되는 것이다. 인력운용 계획이나 고객만족 목표도 이러한 방법으로 진행하면 효율적이다. 그런데 원장이 직접 만들어 직원에게 제시하는 것은 효과가 떨어진다. 실장회의나 직원회의를 통해 원리, 원칙에 관한 이야기만 나누고 직원들의 의견을 모아 목표를 정하게 하는

것이 직원의 참여를 높일 수 있는 방법이다.

또한 반드시 만들어야 할 것이 연간 사업계획과 월간 업무계획이다. 일정에 상관없이 업무를 진행하면 중요한 일정을 놓쳐서 낭패를 보는 경우가 많이 있다. 대표적인 것이 매월 10일에 납부해야 하는 전월 근로소득세 납부가 있는데 4대 보험의 경우 다른 공과금과 자동이체가 가능하지만 매월 신고해 납부해야 하는 근로소득세는 자동이체가 불가능하다.

매해 10~11월경 다음해 연간 사업계획을 작성하는 시기에 1월~12월 월간계획을 미리 만들어 놓는 것이 좋다. 그때 월별로 진행하고 싶은 사업을 미리 정해 놓았다가 때가 되면 월간계획에 적용하면 빠뜨리지 않고 업무를 진행할 수 있다.

전월 재료비 등 비용 정산, 전월 경영평가, 냉난방기 점검, 온라인 마케팅 점검, 각종 회의일정, 직원급여 등 병원에서 필요한 관리 및 일정 등도 월간업무계획에 적용하면 실제 업무를 빠뜨리지 않고 진행하는데 도움이 된다. 시설·설비·장비관리도 함께 기재 할 경우에는 장기운용계획까지도 업무에 적용할 수 있다.

둘째, 매월 병원의 경영지표들을 취합해 정리하는 경영평가다. 원장이 혼자 진료하는 작은 병원일수록 경영이 잘되는지 원장과 직원들이 잘 알 수밖에 없다. 그 이유는 환자를 누가 대신 볼 수 없는 상황이기 때문에 대부분의 환자를 직접 대면하고, 퇴근 시 작성하는 일일장부를 통해 그날 진료했던 환자들의 상황과 매출을 바로 확인할 수 있기 때문이다.

하지만 한 달이 지나고 두 달이 지나면 이야기가 달라진다. 사람의 기억력에는 한계가 있기 때문에 몇 달이 지난 상황에서는 정확한 경영지표를 기억할 수 없다. 누가 대신해 주지도 않는다. 대부분의 사업은 과세사업이기 때문에 분기마다 부가가치세 신고(예정신고 포함)를 해야 하고 매출로 발생한 고객에게 받은 부가가치세와 비용으로 지불한 부가가치세를 계산해 세금을 납부하거나 돌려받는 업무가 있다. 이에 따라 최소한 반기마다 한번 매출과 비용을 점검하게 된다. 하지만 미용을 목적으로 하지 않는 대부분의 의료업은 면세사업자로 매년 2월에 전년도 1년간의 매출과 비용을 한꺼번에 신고하는 사업장현황신고만으로 세무관련 신고를 한다. 그래서 많은 병원은 자신들의 매출과 비용을 정확하게 자료로 남기는 것에 소홀하게 되고 때로는 누락하게 된다. 세무대리인들도 마찬가지로 분기마다 신고가 필요한 일반사업자와는 달리 1년에 한 번만 신고를 하면 되는 면세사업자이다 보니 자주 살펴볼 이유가 없다.

또 하나 말해주고 싶은 것이 매출에 관련된 사항 중에도 유의할 지표들이 있다는 사실이다. 신환 및 진료환자의 변동사항이나 객단가, 회단가 등의 변동사항을 매월 확인하는 것만으로도 병원의 경영추이를 바르게 판단할 수 있다.

나는 오랜기간 병원 경영업무를 담당하다보니 주변의 요청에 의해 강의를 한 경험이 있다. 그 때 받은 질문 중 병원에서 경영실장은 어떤 일을 하느냐는 질문이었다. 경영실장이라는 역할은 병원에서 전문경영인에 가깝다고 할 수 있다. 경영실장으로서 업무를 정확하게 파악하지 않으면 할 일이 없어지고, 그러면 업무를 찾지 못하고 방황한다.

내가 경험해본 결과 매출이 업계 평균 매출의 3배 이상 발생하는 경우 업무에 능숙한 경영실장이 참여한다면 훨씬 높은 업무 효율성을 기대할 수 있다. 많은 원장들의 경우 경영이 안정되고 매출이 오르면 세무에 대한 불안감을 갖게 되는데 세무업무도 관리가 되면 두려워 할 필요가 없다. 매출과 비용을 정확하게 기재하고 적절한 때에 신고할 수 있는 역량이 있다면 두렵고 어려운 업무가 아니다.

병원경영은 개원기 – 성장기 – 성숙기에 따라 집중해야 할 영역이 다른 것도 알아야 한다. 개원 시기에는 원장의 장점을 살린 그 병원만의 진료를 만드는 것에 집중해야 하고, 성장 시기에는 그 병원의 좋은 진료를 알릴 수 있는 다양한 채널을 발굴해 마케팅을 진행하는 것이 중요하다. 그렇게 성장한 병원의 경우 안정기에 접어드는데, 이때 필요한 것이 재무·세무 관리업무이다. 병원의 자산관리 및 세무와 관련된 사항을 폭넓은 지식과 시각으로 관리하고 시기에 따른 업무를 진행함으로써 원장의 경영 업무를 효율적으로 도울 수 있다.

병원경영실장 역할을 하고 있는 사람에게 갖는 바람은 현실에 안주하지 말고 원장보다 더 열심히 공부하라는 것이다. 병원에서의 실장들은 자신의 업무를 제한하려 한다. 원장과 힘을 합쳐 병원경영을 주도적으로 하려는 역할보다 원장의 지시를 기다리는 역할에 익숙하다. 그런 차원에서는 원장을 제대로 도울 수 없다. 원장의 지시를 무조건 따르는 것이 아닌 옳지 않은 일은 직언하는 것이 충성이다. 옳지 않음을 알고도 따르는 것은 아첨이다. 실력이 없으니 아첨만 하게 되는 것이다. 또한 충성은 병원을 위해 하는 것이지, 원장만을 위해 하는 것이 아니다. 가끔은 병원을 위한 것이 원장을 위한 것이 아닐 때도 있다.

이처럼 잘나가는 병원에는 전문경영인 역할을 하는 관리자가 있다. 관리자는 원장이 놓치고 있는 중요한 일들을 미리 살필 의무가 있다. 이런 능력을 갖추기 위해서는 관련 지식과 훈련이 필요하다. 병원의 관리자들이 원장의 경영을 도울 수 있는 능력을 갖춘다면 고객, 직원, 원장 모두가 지금보다 더 행복해지리라 확신한다. 지금의 자리에서 묵묵히 원장을 돕는 수많은 관리자를 응원한다.

직원의 성장이
병원의 성장이다

병원의 성장에는 그 과정을 함께한 직원이 있다. 원장이 진료를 통해 가치를 만드는 병원의 특성상 병원에서 직원들이 할 수 있는 일에는 한계가 있다. 직원은 자신의 성장으로 병원의 성장을 돕기도 하지만 자신의 성장속도를 병원이 따라오지 못할 경우 외부에서 성장하기도 한다.

예를 들면 자신이 속한 분야의 강연 연자로 활동을 하거나 다른 병원에서 근무하는 의료계 후배들의 멘토, 코치가 되기도 한다. 근래에는 자신의 스토리를 책으로 펴내 후배들에게 귀감이 되는 병원 직원도 많다.

나의 경우에도 처음 병원에서 근무했을 때는 할 수 있는 게 많지 않았다. 당시 5층 건물 전체의 시설과 장비를 관리하는 업무를 맡았는데 매일 꺼진 형광등은 없는지, 상수도나 하수배관에 물이 새지는 않는지, 병원 이곳저곳을 둘러봤던 기억이 떠오른다. 원장이 10명이 넘고 직원도 50명이 넘는 수련병원이었기 때문에 나의 업무는 병원 시설과 장비가 정상 가동 되도록 돕는 일이었다.

입사 후 한두 달은 할 일이 많았는데 이후에는 주 6일 근무 중 이틀 정도는 특별히 할 일이 없었다. 나는 어떻게 하면 일을 더 잘 할 수 있을까 고민했다. 그래서 내 일 외에 다른 업무도 배우고, 경영에 관한 책도 읽기 시작했다. 시간이 날 때마다 상담실장에게 보험 청구에 관한 업무도 배우고, 잘 모르는 부분이 있으면 진료실 직원에게 물어보고는 했다. 원장은 나와 함께 이야기하면 병원의 어려움도 나눌 수 있고 병원경영에 도움이 된다는 말로 나에게 열정을 심어 주었다.

내가 지금의 모습으로 성장할 수 있도록 큰 영향을 준 사람이 내가 처음 근무했던 병원의 오너인 김태득 원장이다. 우리나라에서 치의학 박사학위를 받고 미국에 있는 보스턴치과대학병원에서 펠로우 코스까지 마친 직업적으로도 훌륭한 분이었다. 김태득 원장의 지원와 격려가 있었기에 병원의 주요 업무에 관한 사항을 배울 수 있었다.

이후에는 경영을 제대로 배우고자 다시 대학에 편입학해 경영학을 복수전공 했다. 다른 병원과의 합병으로 자발적으로 퇴사를 할 계기가 없었다면 지금도 함께했을 것이다. 이후에 예치과에서 근무하게 되면서 앞선 의료경영을 접할 수 있었다. 10년이 지난 지금 적용해도 부족함이 없는 경영철학, 경영전략, 마케팅전략등 다방면에 있어 예치과 네트워크는 분명 앞서 있었다. 투자개방형 의료법인 설립 불가와 의료인 1인 1개소 개설법, 그리고 진료 및 서비스의 상향평준화와 진료수가의 하향평준화라는 트렌드만 아니었다면 지금과는 다른 모습의 예치과였으리라 생각한다. 그곳에 근무하면서 예 네트워크 소속 병원들의 다양한 사례들을 직간접으로 경험하고 관찰할 수 있었다.

당시 예 네트워크 병원들의 경영모습을 직접 보기 위해서 예 네트워크 경영지원실 모임에도 열심히 참여했다. 예 네트워크 경영지원실 모임에는 전국 수십 개의 예치과는 물론 예 성형외과와 예 한의원, 예 덴탈아트(치과기공소)도 참여해 다양한 의료계의 형편과 입장을 들을 수 있었다. 지금까지도 관계를 맺고 있는 상당수의 인맥은 이때 전국 예 네트워크 소속 병원을 탐방하며 함께 경영을 공부하고, 사례를 나누었던 예 네트워크 병원 소속 경영실장들이다.

직원이 성장하여 병원 밖에서 활동하면 병원도 좋다. 예전에는 흔치 않던 스테프 세미나와 강연에 병원 직원들이 강연자로 참여할 기회도 많다. 유명 스테프를 보유한 병원일수록 그들에게 배우고자 하는 지원자가 많기 때문에 좋은 인재를 영입하기가 수월하다. 또한 이런 인재들의 경우에는 관련 신문이나 잡지 기고를 통해 자신의 삶이나 병원에서의 에피소드를 소개하기 때문에 이로 인한 긍정적인 기여도 많다. 춘천예치과의 박진희 매니져와 서울에 위치한 광진예치과의 이주동 경영원장의 사례가 대표적이다. 두분의 근속년수는 각각 25년을 넘는다.

활동적인 두분을 통해 다른 병원과의 관계도 남다르다. 내가 근무했던 치과에서 개원 전 선진치과 탐방으로 방문했던 곳이 춘천예치과였다. 개인적인 친분으로 추진한 방문이었으나 춘천예치과 송호용, 김동석 대표원장, 신기철 경영부장을 비롯한 모든 관계자의 특별한 배려를 받게 되었다. 특히, 박진희 매니저는 실제 경영사례를 매우 친절하게 설명해 주었다. 두분의 관리자가 앞선 병원의 사례를 전달하는 메신저 역할을 한다고 할 수 있다.

그렇다면 직원들이 성장할 수 있는 것은 어떤 것들이 있을까?

예약취소 환자에게 전화를 걸어 다시 예약을 잡아 준다든가, 진료 부동의 환자들의 변동사항을 체크 한다던가, 소개환자들에게 감사전화를 하는 등 고객과 관련된 업무는 환자의 입장에서 매우 중요한 업무다. 그런데 대부분의 진료실 직원들은 이런 일들이 자신의 업무가 아니라고 생각한다. 그래서 환자가 없는 시간에는 휴식을 취하는 경우가 많다. 그렇게 자신의 업무를 제한적으로만 생각하면서도 자신이 병원의 중요한 자산이라고 생각할 때는 안타깝기 그지없다.

'사랑하면 알게 되고 알게 되면 보이나니, 그때 보이는 것은 전과 같지 않으리라.'는 말이 떠오른다. 시야가 좁고 업무에 한계를 느끼는 직원들의 공통점은 자신의 일에 가치를 부여하지 않는 것이다. 가치

없는 업무다 보니 성의 없이 소홀하게 여기고, 때로는 자신이 무엇을 잘못하고 있는지조차 모르는 것이다. 그런 사람의 대부분은 자신을 사랑하지 않는다는 공통점이 있다. 자기 자신에 대한 관심이 부족하기 때문에 삶의 소중함을 느끼지 못하고 하루하루 소중한 시간을 허투루 버리는 것이다.

나도 부족하지만 병원컨설턴트로 업무를 수행할 수 있는 이유는 나 자신을 사랑하기 때문이다. 끊임없이 행복하게 살고 싶은 고민 끝에 내린 결정이기 때문에 어떤 결정이든 그 행동을 하는 순간마다 지치지 않고, 노력할 수 있다고 생각한다. 다른 사람에게 동기부여 하는 코치 업무를 하다 보면 목적에 대한 질문을 끊임없이 할 수 밖에 없다. 동기부여가 되지 않은 일은 모래 위에 쌓은 성과 같아서 언제든 의미 없는 것으로 바뀔 수 있기 때문이다.

병원에 근무하며 느낀 점이 있다. 지난 시간을 돌아보니 함께 일하는 직원들의 성장이 그 병원의 성장과 거의 비슷하다는 것이다. 병원을 이끄는 원장의 마음도 같을 것이다. 며칠 전 원장과 대화에서 믿음직한 직원들이 늘어나는 것이 감사하다는 이야기를 들었다.

이전에 컨설팅했던 병원에서는 원장이 진료부터 청소까지 모든 일에 관여했다. 매출도 많지 않고 환자도 많지 않았던 개원초기에는 큰 어려움이 없었으나 어느 정도 병원이 성장한 이후 원장은 지쳤다. 원장이 지치기 시작하자 많은 일이 더디게 진행 되었다. 이런 원장들은 직원들에게 일을 맡기면 자신이 하는 것보다 업무성과가 떨어질 것이라는 염려를 가지고 있다. 하지만 적절한 업무분장을 통해 업무를 맡기는 것이 장기적으로 옳다.

병원의 성장스토리를 보면 반드시 그 병원 핵심직원의 성장 스토리가 있다. 그리고 그 이면에는 삶에 대한 감동이 있다. 그런 측면에서 모든 병원의 성장스토리는 원장과 직원의 인생스토리다.

성공하는 병원의 7가지 비밀

개정판 1쇄 2022년 4월 27일

지은이 이승열
펴낸이 목영만
펴낸곳 ㈜명문기획
책임편집 이정민
디자인 ㈜명문기획

㈜명문기획
등록 2010년 12월 10일(제 2010-000236 호)
주소 서울특별시 중구 퇴계로31길 7(필동1가, 명문빌딩)
홈페이지 www.designmmt.co.kr
전화 02) 2079-9200~2
팩스 02) 2269-7240   **이메일** mm777@designmmt.co.kr
인쇄·제본 ㈜명문기획
ISBN 978-89-98888-73-2

※ 책값은 뒤표지에 있습니다.
※ 파본은 구입하신 서점에서 교환해 드립니다.